英语语言学理论指导下的英语教学策略研究

何　燕／著

中国原子能出版社

图书在版编目 (CIP) 数据

英语语言学理论指导下的英语教学策略研究 / 何燕著 . —— 北京：中国原子能出版社，2022.5

ISBN 978-7-5221-1946-5

Ⅰ.①英… Ⅱ.①何… Ⅲ.①英语—教学研究 Ⅳ.① H319.3

中国版本图书馆 CIP 数据核字（2022）第 075887 号

内 容 简 介

在时代的发展下，语言的应用范围也在不断变化。语言范围的扩大，提升了语言的交际功能，扩大了语言使用的范围，相应地，人类进行语言研究的问题和切入点也变得更加丰富。本书以语言、语言学相关基础知识为切入点，分析了语言学与英语教学的融合，进而针对语言学的词汇学、句法学、语义学、语用学、认知语言学、文化语言学、应用语言学、社会语言学这些分支理论进行阐述，并研究了这些分支理论指导下的英语教学策略。本书内容全面、论述充分，将与语言学理论的相关内容多角度、全方位地展现出来并应用于英语教学的具体实践中，有利于读者在加强理论学习的同时在脑海中形成整体框架，对于深化读者对语言现象的理解、拓展读者的思维都大有裨益。

英语语言学理论指导下的英语教学策略研究

出版发行　中国原子能出版社（北京市海淀区阜成路 43 号 100048）
责任编辑　张　琳
责任校对　冯莲凤
印　　刷　北京亚吉飞数码科技有限公司
经　　销　全国新华书店
开　　本　710 mm×1000 mm　1/16
印　　张　13.875
字　　数　220 千字
版　　次　2023 年 3 月第 1 版　2023 年 3 月第 1 次印刷
书　　号　ISBN 978-7-5221-1946-5　定　　价　72.00 元

网　　址：http://www.aep.com.cn　E-mail:atomep123@126.com
发行电话：010-68452845　　　　　版权所有　侵权必究

前言

自从语言诞生之日起，很多学者就对语言产生了浓厚兴趣，并对其展开研究。在人类文明不断发展的过程中，语言学发挥了深远的影响。语言学这门学科经过长期的发展，现在已经成为一门涵盖各个语种的独立学科。从广义上说，语言学包含世界上每一种语言，但这里我们主要对英语语言学进行探讨。随着社会实践的不断积累与社会生产力的逐渐提高，语言逐渐走向成熟与多样。具体而言，人们应用语言的范围更为广泛，并且产生了很多与语言相关的理论。另外，一些学者还将语言学的理论运用到具体的实践中，尤其是语言教学实践。

从语言教学理论的整个发展过程来看，英语教学理论的产生和发展与科学的英语语言学有着不解之缘，它们是一脉相承和相互沟通的。可以说，英语语言学理论为英语教学提供着越来越多的证据。没有英语语言学理论的雄厚基础，英语教学会成为无源之水，英语教学理论也就不可能发展到当今这么完善。基于此，作者特策划并撰写了《英语语言学理论指导下的英语教学策略研究》一书，以期推进英语教学的改革与发展。

本书共包含九章。第一章为总述，对语言、语言学、英语教学的基础知识展开分析，并探讨了英语语言学与英语教学的融合。第二章至第九章为分述，从英语语言学的各个分支理论入手，探讨各个理论指导下的英语教学策略，主要涉及词汇学、句法学、语义学、语用学、认知语言学、文化语言学、应用语言学、社会语言学等微观与宏观语言学。在各章的内容上，结构相似，以第二章为例，第二章为词汇学理论指导下的英语教学策略，首先分析了词汇与词汇学的相关内涵，进而探讨词汇学的研究内容，最后分析词汇学理论在英语教学中的应用策略。

本书结构合理、重点突出、语言流畅、逻辑清晰，有助于读者顺利建构语言学理论框架，并对语言学理论应用于英语教学领域有一个更加清楚的认知。该书以语言学的各个分支理论为核心，从多个层面介绍了相关理论的主体内容以及在英语教学中的应用，旨在为国内英语教学改革的进一步发展添砖加瓦。本书不仅可以为语言学习者、研究者提供参考，而且还可以为英语教学领域中的相关人士提供帮助。

在写作过程中，作者得到了同行学者的大力支持，同时参阅、引用了很多与语言学相关的著作文献，在此表示诚挚的谢意。另外，由于时间仓促且作者水平有限，书中疏漏之处在所难免，在此恳请广大读者不吝指正。

作　者

2022 年 1 月

目录

第一章
英语语言学与英语教学

　　语言学与语言教学关系密切,语言学理论对语言教学的途径、方法起着直接的影响,语言教学可以从语言研究中获得重要启示。因此,对语言学知识的掌握,能够帮助教师对语言教学有深入的理解和把握。当然,对于中国学生来说,英语这门学科非常重要,因此本章从英语语言学的角度入手,对英语语言学与英语教学的关系展开分析。

第一节　语言与语言学概述

一、什么是语言

（一）语言的内涵

　　希腊语用 logos 一词指"语言",也用这个词语指"理性"。而既没有理性又没有语言的动物则是 aloga,前缀 a- 表示"缺乏""离开"。

　　在日常生活中,"语言"一词的意义是松散的,从下面的例证中即可得到证实。

　　（1）没想到他竟然用那样刻毒的语言来辱骂邻居。

　　（2）我无法用语言来表达我此刻的心情。

　　（3）拉丁语是一种死亡的语言。

　　（4）我从来没有听人说过美国印第安人的土著语言。

　　（5）——你知道为什么猫会像狗一样"汪汪"叫吗?

——它是在学着说一种外国的语言。

观察语言的时候，我们首先遭遇的是某一种或若干种类的语言。比如，我们平时用于交流的汉语和英语等，它们是不同种类的语言。

可是，什么是语言学视域中的语言呢？我们应该如何理解语言？它是科学研究确定的对象吗？它是抽象的存在还是具象的模式？它是有待证实的理论抑或是毋庸置疑的结论？

历代语言学研究者都曾尝试界定语言学视域中的语言：梵语语法学家帕尼尼（Panini，约前 4 世纪）认为：语言有两种，一种是在具体场合说出来的话，即外显性的表达；一种是抽象的语言原则，即语言符号统一体。

巴尔特拉瑞（Bhartrhari）则继承、发展并完善了语言符号统一体理论。他指出：语言的潜在性犹如孔雀的蛋黄。在蛋黄里，五颜六色的孔雀以潜在的形式存在。只是到了后来，五彩的颜色才得以实现。同样地，语言（通过语音）终究呈现出部分与序列的形式。

古希腊卓越的斯多葛派（the Stoic）认为：语言包含三个方面[①]。

第一是语言的声音或者材料，这是一种象征或者符号。

第二是语言的符号意义，即言说的内容。

第三是符号所代表的外界事物。

现如今，语言在现实的使用中涵盖了两种意义范畴：广义和狭义。

广义的语言至少包含三种意义。

其一，它可以指诸如梵语、藏语、俄语、汉语、日语、英语、法语、拉丁语等任一群体或集团内部的自然规约系统。

其二，它可以指诸如蜜蜂的语言、身势语言、画面语言、花卉语言等具有引申意义或修辞性质的约定俗成的系统。

其三，它可以指诸如逻辑语言、数理语言、坐标语言、旗语等非自然规约系统。

狭义的语言则是语言学的专门术语，是解构了言语体系之后的语言。言语体系（language）由两个部分组成：言语（parole）和语言（langue）。言语与语言区分理论是索绪尔为了明确语言学研究对象，为了建立独立的语言科学而创建的一个根本性的概念理论。按照索绪尔

---

① Whitney, W. D. Nature and Origin of Language[A]. The Origin of Language[M]. Bristol: Thoemmes Press, 1875.

的观点：言语是指个人说话的行为，是言语器官发出的一定声音和一定意义内容的结合，是以说话人的意志为转移的个人组织活动。所以，言语表现出总体上的千差万别。它的无限多样性是由相同符号的反复出现所组成的，并逐渐呈现出一定的规律和制度。对言语的抽象结果便是语言。

从语言学史上，我们可以看到，有些研究者认为世界上不存在抽象的语言，只有具体的语言，即交流中的语言。从他们的学术视野和出发点来看，这样的理解具有一定的合理性，他们关注的只是语言的工具性。但是，从普通语言学研究的观点出发，整个世界曾在的和现在的语言拥有一种自然的、共同的、抽象的语言，普通语言学关注语言的共性存在。

在言语体系之下，语言是存在，言语是生存；语言是抽象，言语是具象；语言是相对的静态，言语是相对的动态；语言是群体的概括，言语是个人的变体；语言是本质，言语是表现；语言是一般言语是个别；语言是潜在，言语是显在。二者之间有着明确的分界线，但是它们不是两种不同的现象，而是同一现象的两个不同的方面，是相互联系而存在的。前者以后者为前提，后者归属于前者，语言是作为言语的本质部分而存在于言语之中的，言语则是本质的具体表现，二者在性质上形成结构的统一。从语言与言语的关系中来规定语言的意义，并使之成为概念，这是真正实现对语言的本质特征和内涵做出确切逻辑规定的唯一道路。语言的各个要素，如语音、词汇、语法相互连接，维系语义，言语在语义的联系之中保持着对语言整体的向心力。语言的展开状态其实就是揭示状态，它提供了语言整体所需要的可能性和亲和力。在语言学研究的过程中，我们需要不断地重新提起"语言"定义的问题，而每一次提起都应该是在更高层次上的或者与近似前一次提问相反的或修正的，因为对"语言"进行界定实际上就是对语言本质的拷问，所以这个问题是真正源远流长，却又偏偏难以获得一个终结性的答案，语言学还能在怎样的程度上维持与承受如此致命的压力呢？在索绪尔之后才真正确立为独立学科的语言学所面临的是本质问题的危机。无论如何，语言学似乎都应当有迅速觉醒的发生，要把研究对象转移到新的基础之上与新的观察视域之中，要在指认语言表现形式的同时，直逼语言之存在本身。

（二）语言的特征

1. 语言的生理特征

语言是信息系统，它在人际交流中，在传递各种信息时起重要作用。语言信息系统和其他一切信息系统一样，首先必须依存于一定的物质承载体之中。语言和它的承载体之间是不可分割的整体。那么语言信息的承载体是什么呢？广义上，语言的承载体主要有两种：生理承载体和物理承载体。生理承载体是人脑的神经网络系统；物理承载体是语音和书面文字。就人而言，前者是内部的，后者是外部的。内部的语言我们称作语言系统，外部的语言我们称作语言现象。语言系统和语言现象既有相同之处，又有不同之处。

语言学的模式基本上也采取这种分法。从由此汇集的证据可见，语言系统必定是个层级系统，它至少包含概念语义层系统、词汇语法层系统和音系层系统。在系统操作过程中，各层系统互相作用、彼此激活。现象则是线形的，它无论是作为输入还是作为输出，都是以一定的先后顺序排列的。无论是以书写材料作为载体，还是以声音作为载体，语言现象是可以观察到的，但语言系统是现代人所无法完全观察到的。尽管如此，神经生理学和神经解剖学的成果已经告诉我们许多有关语言系统承载体——大脑的信息。无可置疑的事实告诉我们，大脑已经不再是某些人所说的"黑箱"。

系统操作可以有两种：一种是语言运用的操作，它对语言系统中连通权值的改变不大；另一种是改变权值，形成记忆，构拟语言系统的操作新路径。前者是语言运用，后者是语言发展，即语言习得。但二者都是系统的操作，所不同的是，第一种操作过程中，系统中路径连通权值改变不大，第二种操作过程中，系统中某些路径的连通权值有较大的变化。

我们知道了一些宏观的语言生理特征，也知道了和语言系统有关的一些微观生理特征，它们都能指证语言系统的存在及其存在的宏观框架，但是二者还不足以证明语言系统的层级组织的具体细节。就目前的科技水平看，语言系统的具体细节还无法直接观察到。仅仅通过失语症症候、生理解剖和通过电兴奋、药物实验 CT 和磁共振扫描，我们所获的间接信息还不足以构建语言系统的许多细节。但是，现象是可以直接观察到的,我们可以将语音录下反复放听,我们也可以将文字写出多次研读。这些可观察到的信息,将为语言系统及其操作原则的构建,提供间接的有效的信息。由于构拟基础的间接性和构拟对象的多重性,通过对语言现象研究而推导出来的假设性系统,至少还必须通过语言生理特征的检验。

2. 语言的社会文化特征

语言的社会特征主要反映了人的社会性。在人类社会中,人被认定从属于一定的社会经济阶层。由于人类更多地和他同阶层的同伴交往,结果他们的社会行为形成了一定的大家都遵循的模式。这种社会交际具体反映在语言现象中。这些语言现象便具备了一定的社会特征。例如,美国社会经济地位和文化教育程度较低的黑人,他们的语言表达和通用标准美国英语有较大的差异。例如:

黑人:He been there before.

白人:He has been there before.

黑人:He be done left by the time we get there.

白人:He will be gone by the time we get there.

由于说黑人英语的人社会经济地位低下,尽管黑人英语和白人英语一样有自身的规律,人们还是将这种语言现象和特定的社会经济地位联系起来。这种和社会经济地位相关的语言现象,我们称为社会方言。

语言的社会现象并不仅仅停留在方言的层面上,它有时还跨出方言的范畴,在不同的语言中出现。根朴兹等(Gumperz & Wilson)发现,语言的分类和他们的社会等级吻合。在这个社会语言环境复杂的村落中交际,村民必须同时能说几种语言;在美国生活的有些黑人同样也能够说几种社会方言。例如,一名黑人大学生可能既能说黑人英语的社会方言,也能说白人英语的社会方言。在他的语言系统中,一种概念或命题常常可以体现为两种不同的表达形式,即不同的社会方言变体。当他和白人导师讨论申请助学金时,他用的是白人英语。当他转过头来和黑人同学说话时,用的却是黑人英语。因此,必须有一定的机制让他能够对具体的情况做出自己的选择。这些机制在语言系统之外,存在于社会交际知识之中,并成为社会变体的选择条件。由此可见,语言的社会性至少包括语言系统中语言表达变体的选择关系,也包括选择这些语言变体的社会信息方面的激活条件。语言系统内部的社会性主要表现在命题概念和各社会方言表达之间的体现关系。这种体现关系除了自身的符号功能关系外,没有理性对应关系。黑人说 "He been there before.",而不说 "He has been there before.",并不是因为前句的表达形式和黑人本身的特性有什么内在关系。从这个角度出发,表达的内容和社会方言之间的关系是任意的。但是,内容和表达之间的如此任意性并不是说表达形式内部可以没有系统性。事实上,黑人英语和白人英语一样也是有规律的,其中包括表达语词之间的组合规律,以及表达内容和表达形式之间的体现规律。从语言系统内部看,社会方言表达形式和语言其他形式一样是有规律的,内容和表达之间不是任意的。但是,我们在更精细的平面上看,两个任意性所涉及的关系是不同的。

涉及语言表达变体选择的社会条件至少包括话语意图、交际者双方的社会关系、交际者自身的社会经济地位等。黑人学生和他的导师用导师的社会方言交谈是出于对教师的尊敬,而和同学交谈用同学的社会方言是为了互相之间的认同,二者都是为了谋求语言行为的最佳效果。如果白人导师和黑人学生一起去黑人区做社会调查。那么,出于该社会活动的目的,他们可能要考虑迁就被调查黑人的社会方言。当然,黑人学生也可以全然不顾社会关系和社会语境,而采用不合情理的表达变体。例如,他完全用白人社会方言和导师交谈,全然不顾被调查黑人的心理感受,以此表现出他的一种世俗的鄙视低层社会人士的社会态度。由此可见,社会方言的选择一般涉及交际目的、预期的交际效果和交际双方的社会关系,而话语者本身的社会地位可能只是社会关系中的一个条件。这些社会条件可以和其他各种条件一起组合成社会变体的选择条件。在不同人的头脑里,它们的权值不完全相同。

从系统操作的角度看,语言的社会性体现在语言交际过程中。中国学者比较钟爱这样一个定义,即语言是人类的重要交际工具。西方学者中的功能派对此也很重视。有必要澄清的是,人类交际工具有各种各样的,但它们均为身外之物;而语言是人本身的一部分,语言交际是人们通过信息承载体的转换让语言现象来为人类传递信息。

社会活动是在一定的文化背景中进行的,所以语言也有一定的文化内涵。谷德纳夫(Goodenough)认为,文化就是在社会情景中获得的知识和信念。社会文化知识当然也包括一部分常识(常用知识)和专识(专门知识)。广义的文化则是世界观的代名词,它包括了社会常识和专识,还包括一些没有特殊社会标记的知识和概念。但是,两种文化观都将文化和概念知识联系起来。

我们也认为,文化包括社会知识(常识和专识),这些知识同样是概念系统的一部分。它们在人类的社会活动中将概念系统和语言系统连接起来,并构成可以重复激活的经验。从信息操作的角度出发,语言系统中社会方言体现关系的变体,它们的选择条件和包含社会文化知识的概念系统有关。由于神经的激活过程是双向的,从语言形式开始激活的信息和来自概念系统的社会文化、常识等信息将共同激活和构造语言系统本身。语言行为在构造和完善语言系统的同时,也构拟和不断调整着概念系统(包括各种知识系统和社会活动等)。正如人在具体的社会文化环境中生活、活动一样,人类语言系统的发展,伴随着社会文化概念系统的发展而发展,两个系统的互相激活又让二者在自己的关系路径中包含了对方的部分连接关系特征。

3. 语言的思维特征

语言和思维关系非常密切[①]。如果我们将思维看作一种过程,那么思维过程可以是有意识的,也可以是无意识的,而语言的全过程总是有意识的。有意识的语言过程在一定程度上受到人类意志的控制,但无意识的思维过程便无法受到意志的控制。所以,无意识的思维无法等同于语言。如果思维过程包括记忆和激活调用,那么有事实证明,这两种过程都可以不涉及语言表达。具体表现在两个方面。(1)两种过程可以是无意识的;(2)记忆内容无法用语言表达激活再调用。我们举证了思维和语言的差异,那么这种差异有没有生理证据呢?我们的回答也是肯定的。福德等提出了一个"思维语言"假设。他们的假设包括两个部分:信念、意愿意图是大脑真实的心理和物理表征,而显性行为则源于这些表征,这些表征具有和意图物体相似的组织特征。

从大脑神经的生理基础出发,这些"真实表征"应该是概念。概念可以组成层级,不同的概念通过共享的概念特征而连通。神经网络也是一种层级组织,神经元也可以和许多其他神经元连通。如果我们想睁开眼睛,那么我们首先要有这个意图概念。这个意图概念激活"睁开动作"概念和"眼睛"概念。当然,我们也可以闭上眼睛,但这两个意图中的概

---

① 徐通锵.语言论——语义型语言的结构原理和研究方法 [M].长春:东北师范大学出版社,1997.

念"眼睛"是不变的,它同时和这两个不同意图连接,既可以和动作概念"睁开"组合,也可以和动作概念"关闭"组合。当然,这些概念必须同时和许多大脑功能区的系统连接,连接的部分除了命令动作的运动系统,还有语言系统、视觉系统等。如果有人叫你闭上眼睛,语言系统通过理解过程激活相关的概念,再由概念激活运动系统,完成闭上眼睛的动作。当然,你还可以效仿他人的动作,同时告诉他人"闭上眼睛"。这时视觉信息激活了概念,概念同时激活了运动信息和语言信息。

二、什么是语言学

(一)语言学的内涵

语言学是以语言为研究对象的科学。科学是知识体系,是人类对自然、社会和思维认识的总结或综合。语言学是一门科学,它的目的是要描写和解释语言的各种现象及其之间的相互关系。

由于对语言性质的不同认识,语言研究者对语言研究对象有着不同的理解。在科学前期盛行的是小学和语文学研究。到了科学时期,历史比较语言学研究兴起。在整个历史过程中,语言研究者似乎并不是在努力寻找和发现语言学的对象。

在科学前期,研究者只是出于对古文献考证的需要,将语法建立在逻辑之上,提供规则以区别正确的语言形式和错误的语言形式。所以,语法研究只不过是一门规范性的学科,对语言本身缺乏科学、公正的观点。不过尽管如此,它还是为历史比较语言学奠定了基础。历史比较语言学收集各个种类语言的或某一种语言的历史发展过程,并对各个不同阶段的语音、语法、词汇的对应关系加以双向或多向比较,开辟了新的语言研究领域。但是,由于它没有涉及或根本忽略了语言学的对象问题,致使它没有能够建立一门独立的语言科学。随着语言研究的不断深入和发展,语言学研究的对象问题逐渐成为研究者关注的焦点。比如,从德国语言学家洪堡(Wilhelm von Humboldt)到德国语言学家保罗(Hermann Paul),他们都以人类研究为出发点,将语言学研究的对象锁定在人类语言的发生、发展机制。瑞士语言学家索绪尔确立:语言学就是为语言而研究语言的科学。语言学的研究对象最终得以确定,语言学也因此在科学的总体结构中获得了独立的位置。现在看来理所当然的语言学研究对象,实际上则是经历了诸多世纪的探索,得来不易。其他所有的科学几乎都是在既定对象的基础上进行研究的,在我们的语言学领域,也应该是这样。只有确定了语言学的对象,我们才能够进行有效而深入的研究。事实上,语言学对象的确定之时,恰恰是语言学被激活之日。各种理论不断涌现,各种学术流派相继产生,语言学步入了一个空前活跃的发展阶段。语言学的每一步推进都是与语言学对象问题的认识进一步加深紧密相连的。确立了语言学研究的对象,我们才能够在理性的基础上明确语言学研究的目的。语言学的目的在于阐明语言的本质及其规律,提出关于语言的一般性理论,并解释和验证新的理论和假设。所以,为了实现语言学的目的,语言学研究必须收集资料、验证假说、设计原形、构建理论,并对下列根本性的问题做出科学的解释。

（1）语言的来源。

（2）语言的流变规律和结构规律。

（3）多种语言现象的复原。

（4）现存语言的运作规律。

（5）语言一般性理论。

确定了语言学的对象,指认了语言学旨在解决的基本问题,语言学才算得上是具有了相对的独立性。既然语言学是一门相对独立的科学,它必然需要理论。理论不仅需要得到实证,而且还要能够用于实际。没有实证支撑的理论是不能够被纳入科学理论当中的,而不能用于实际的理论则只能是流于空谈。有了发达的语言实证研究,语言科学才可以获得理性存在的依据。而丰富的语言科学理论又可以促进语言实证研究向纵深发展,获得原则和方法论的指导。语言研究的对象和目的由此得以彰显。

语言学有两个基本点。

第一,研究的系统性。系统性是指语言是一个体系,语言必须作为一个体系来加以研究。我们需要从语言理论的角度来研究语言现象、语言发展的结构和规律,并以此建立一整套假设和逻辑体系。在此基础上,寻找语言现象产生的原因、关联和支配因素。在体系构架之内进行考据并建立学说。

第二,研究的客观性。语言本身是一种客观存在,这就决定了语言学在根本上不可能是规范性或主观性的科学。我们需要通过客观的方法,即借助实验和各种参数,做定量研究,从而得出科学的结论。

（二）语言学的应用价值

语言学是以语言作为研究对象的一门社会科学,它的基本任务是研究语言的性质、结构、应用及其发展演变等问题,使人们了解并掌握有关语言的理论知识,从而更好地指导语言实践,或为其他有关学科的发展提供理论或方法上的帮助。当今世界已步入了信息化社会、计算机文化的时代,越来越多的现代科学都需要得到语言学的原理、方法的启迪和帮助,这就越发显示了语言学在当今社会的极其重要的地位。这里就语言学在几个重要方面的功用,来说明语言学理论的实践意义。

1. 为正确制定和贯彻执行党和国家的各项语言政策服务

要正确制定各项语言政策,需要语言学理论的指导。为了有效地使用语言文字,每个先进国家都有自己的语言政策。例如,在方言分歧比较明显的语言里,确定哪一种方言作为共同语的基础方言;在有多种语言的国家里,确定哪一种或哪几种语言作为国家或官方语言,这些语言如何进行规范化;对正在使用的文字,要不要进行改革,怎样改革;要不要给没有文字的语言创制文字,如何创制等。所有这些问题的解决,除了考虑政治、经济等社会因素外,还必须依据语言理论的指导和对语言文字的现实情况的调查研究,才能制定出既符合国情,又符合语文发展规律的语言政策。只有这样的政策才能有效地实施。

要很好地贯彻执行党和国家的语言政策,就要做大量的语文工作。

2. 为人们更好地掌握和运用语言服务

任何一个社会成员都必须以语言作为交际工具。学习语言学理论,能帮助人们更好地掌握和运用语言。

（1）学习语言学理论,能增强语言学习的自觉性,减少盲目性。人们在幼年时期学会的语言,是在特定的环境中不自觉地掌握的。长大后深化自己的母语知识或者学习其他语言,盲目地学习不会有良好的效果。如果学习了语言学,有了基本的语言学方面的理论知识,就会增强语言学习的自觉性,减少盲目性,在学习过程中就会举一反三,触类旁通,收到事半功倍的效果。

（2）学习语言学理论,有助于提高英语教学的水平。作为一名英语教师,仅仅会说英语和具备一些英语方面的知识是远远不够的,还必须掌握一定的语言学理论知识。如果一名英语教师对语言的本质、功能、语言的结构、语言的发展演变情况等都一无所知或不甚了解，那么提高自己的教学水平就是一句空话，提升学生的英语能力就更是一句空话。把语言学的基本理论和基础知识理解成英语教学的"水之源、木之本"是有道理的。

（3）学习语言学理论，有助于我们增强对英语语篇的语言分析能力。"文学的第一个要素是语言"，任何文学作品都是用语言写成的，作家运用词汇、修辞手段、作品的风格以及诗词格律等，都与语言有关。学习语言学理论可以使我们敏锐地观察到作家是如何运用词汇和修辞手段去表现和刻画人物的，这有助于提高我们欣赏、理解和分析英语语篇的能力。

（4）学习语言学理论，能增强我们运用语言的能力。当我们从理论上掌握了运用语言的规律时，在语言实践中就会反复思考、反复推敲，就会有意识地避免语言表达上的差错，从而增强语言的表达效果。如作家注意到这些方面，就会有意识地通过人物的语言特点成功地塑造人物形象；搞宣传工作的人注意到这些方面，也就能自觉地根据不同的对象使用语言，从而提高宣传工作的效果。

3. 为科学技术的现代化服务

语言学对实现科学技术现代化的影响是直接的。科学技术现代化很重要的方面是信息和信息处理问题。语言文字是信息的载体，本身又是信息系统，讲到信息处理，总离不开语言文字；所以语言文字的信息问题是国家现代化的一个极其重要的问题。这里只谈语言学和科学技术现代化的几个主要方面的问题。

（1）资料检索层面

在现代化的时代，科学技术情报的数量浩如烟海，而且逐年倍增。在如此日益增多的科技资料中要寻找所需要的资料，犹如大海捞针。电子计算机帮助人们解决了这个问题。用电子计算机检索资料，最关键的问题是需要语言学家和电子计算机学者共同合作建立一种人工语言——检索语言。电子计算机科学和语言学二者缺一不可。

（2）机器翻译层面

大量的外语情报亟待翻译为我所用，光靠人工翻译远远不能满足需要，因此迫切需要使用机器来进行翻译。而机器翻译要处理原文语言和译文语言,只有做好这两种语言的分析、对比和综合,才能使机器翻译得以顺利实现。这些工作,如果没有语言学家的密切合作,机器翻译所必需的软件就无从获得。从两种语言的词汇对译到语法分析,再发展到语义的分析,机器翻译都离不开语言学的研究成果。

（3）人工智能层面

人工智能是研究如何使计算机能够模拟人的智力活动的,这里首要的问题是要使计算机"懂得"并能使用人的自然语言,这也就是"自然语言理解"的问题。计算机理解自然语言的研究有以下三个目标。

一是计算机能正确理解人类的自然语言输入的信息,并能正确答复（或响应）输入的信息。

二是计算机对输入的信息能产生相应的摘要,而且复述输入的内容。

三是计算机能把输入的自然语言翻译成要求的另一种语言。

目前,研究计算机进行文字或语言的自动翻译,人们做了大量的尝试,还没有找到最佳的方法,有待于更进一步深入探索。人工智能的研究给语言学理论提出了更高的要求和一系列重要问题,它要求语言学家不仅要为计算机编制一套详细、准确的程序,还要在理论上对语言结构系统做出一个比较合理的说明,并提出一套比较严密的分析方法和形式化的表达方式。因此,随着电子计算机的日益普及,程序设计的任务也将日益繁重,从事这方面工作的人也将越来越多。这就要求他们必须懂得语言学才能进行这方面的工作。

在当今这个被称为"计算机文化"的新时代,语言学理论的实践意义将会越来越明显,语言学也将会越来越受到重视。有的科学家断言,在当今及未来电子时代和电子文化中,语言学的发达程度是衡量一个国家科学技术水平的重要标志。但我国目前语言学研究的水平跟时代的要求相距还是很远的,许多问题尚未解决。这就要求我们奋起直追,加强学习与研究,让语言学更好地为科学技术现代化服务,为人类的社会生活服务。

第二节 英语教学的相关内涵解析

一、教学与英语教学

（一）教学的内涵

教与学两种活动是单独的、双边的，也是共同的、统一的。教与学是两种活动、两种过程，这才有论及它们之间关系的必要性。我们这里首先探讨教和学的意义，其次论述我国对教学的认知和外国对教学的认知，最后我们讨论教与学之间的关系。

教是教师的行为和动作。教的意义一般指"讲授""教授""传授"等，当然还可以指代教学。前者指的是古老的教授，后者是将"教"作为一门职业对待。英语中，常用 teach 来指代教，有的时候还用 instruct，因为 instructor 是教师的一种角色，而且有些学者认为这还是主要角色。就教的内容而言，可以包含知识、课程等。就教的主观性来说，可以是有意识地教，如 "Professor Widdowson teaches us discourse analysis." 也可以是无意识地教，如 "The incident taught him a lot about the nature of the superpower." 这种研究深受第二语言习得理论的影响。

学是学生的行为和动作。学的意义是学习、模仿、掌握等，还有人将学和习分开的，称为学得和习得。将学称为学习，这是无可非议的。英语中往往使用 learn 和 acquire 来指代，两个词表达的是学习的过程。

我国使用教学两字很多是指教的意思，多半受结构主义语言观的影响，如把外语教学与研究译为 foreign language teaching and research，和"外语教学—学习模式"。更有甚者把 *Language Teaching & Learning* 的书名译为"外语教学与学习"。把教和学分开的也大有人在，如北京外国语学院英语教授、博士生导师胡文仲先生的专著《英语的教与学》、广西师范大学教授王才仁先生的专著《英语教学交际论》中的英语教学实质是交际及其二主体论等，都渗透着分开研究的意义和内涵。但这不意味着没有共同和统一的意义。但是我国的研究很多是"有意无意地"认为"教师教了，学生也就学了；多教多学，少教少学，不教不学"。这样"学"，归结于教，简单地从属于教（王策三，1985）。而把教与学分开来研究，也没有形成自己的独特学术观点，或形成了，也显得话犹未尽。这里并不是说笔者研究得深刻，而是认为教学及其关系尚待共同深入研究。

外国对教与学，学与习一直是分开研究的，这与他们的"分析、分析、再分析"的观念有关。他们不仅研究教与学、学与习的过程问题，还研究其结果，这就形成了学得与习得的概念。我们在这里所要讲的是学习不仅指直接从教师那里得到或自己学到或操练获取的，也不仅是技能和知识的掌握，它还指 learning to learn and learning to think; the modification of attitudes; the acquisition of interests, social values, or social roles; and even changes in personality。这就增加了学生教育、学生培训的内容、社会以及个人对学习乃至教学的外部和内部影响。这种广义的学习内涵得到了国外广泛的认可。斯特恩不仅对学习研究得深而且对教授与学习关系也有较独到的见解，他说："Language teaching can be defined as the activities which are intended to bring about language learning." [1]。他指出了教授的目的是让学生学习，再好的教学理论也需满足学生的要求，否则就会受到批评。除我们在定义讲的内容外，他还指出教的内容包括 the training of teachers, as well as making the necessary administrative provision inside or outside an educational system。

英国著名第二语言教学专家 V. 库克指出："教授的证据在于学习。[1]"这说明了教与学的关系，更接近于我们的实际。我国的许多教学模式，实质上是学习模式。评估教师教的优劣，就得看学生掌握知识和技能的程度的高低，在教学评估过程中还要参考学生的认知程度、学生的心理特点，从而使教师的教授活动能促进学生的学习活动。

（二）英语教学

21 世纪是信息化、全球化的时代，为迎接新世纪的挑战，我国外语教学经过多次调整，英语已恢复了主要外语地位。在英语教学研究和实践中出现了一些新的理念，当今的英语教学呈现了以下几个新的特点。

首先，当代的英语教学以创新作为教学理念。创新型人才培养是我

① 隋铭才 . 英语教学论 [M]. 南宁：广西教育出版社，2001.

国目前大力提倡并实施的教育策略之一。以"创造学"和"教育学"的原理为基础的创新教育包括：创新意识与动机创造精神、创造能力和创造个性等要素。创造性思维能力和实践性技能训练是创新素质教育的核心。英语教学研究者和教师们面向学生，因人而异，注重培养语言能力，引导激发他们的兴趣，并不断地反思，以提高教学效果。在这种观念的推动下，学生在学习外语的同时，也了解了异国文化，外语从一种工具变为一种思想，从而影响了学生的人生观、世界观。

其次，英语教学更加注重培养学生的跨文化意识。语言是交流、传播、延续和发展文化的工具，基于这样的认识，人们在英语教学中逐渐树立跨文化意识，这是语言功能本身的要求，更是时代对外语教学的要求。21世纪对外语人才有了更高的要求：他们要具备扎实的专业知识，敏锐的信息洞察力以及用外语进行交流、沟通、传达和获取信息的能力。时代的要求也就使得外语教学的目的不再是单纯地传授语言知识，更重要的是培养学生运用外语进行跨文化交际的能力。跨文化意识的形成是良好的交际能力的前提。因此，教师和学生们自觉提高跨文化意识，提高了对语言差异的敏感性，逐渐从强调语言基础知识转变到注重跨文化理解，培养跨文化沟通技能。在语言教学中，把文化传输和语言的学习有机结合起来，在训练学生语言驾驭能力的同时，鼓励学生逐步了解异域国家不同的世界观、价值观，不同的文化渊源、历史传统和不同的宗教文化和风土人情，了解不同的言语行为中蕴涵的文化特性、自觉接受异域文化的熏陶。

最后，英语教学注重与互联网相结合。互联网英语教学是以现代互联网技术为依托，为学生提供全方位立体化的英语教学与学习环境，以提高学生的语言应用能力。互联网和英语教学利用丰富的网上资源和网络技术，在教学实践上充分显示了其灵活性、针对性、实时性和自主性的个性化教学特征，这是传统英语教学所不具备的。

二、英语教学的理论依据

（一）行为主义理论

行为主义认为人就像一个有机体，能储存各式各样的行为，行为主义认为人的行为和习性（habit）可以由"刺激反应"机制及"增强"塑造。换句话说，行为主义认为学习是由环境塑造而成的，学习是由"精心设计的刺激与增强所造成的"。学习的方式是"制约",制约可以正确指导学习的行为。学习方法包括模仿、重复、加强、矫正错误等。在行为主义的教学方法下,通过复诵、模仿学到正确的内容,纠正错误让学生学习到正确的答案,用奖励的方式增强学生正确的反应,教师是一位权威者,而且是学习的典范,学生则是被动的学习者,复诵教师的话,学生无自由意识可言。从行为主义的学习理论来看,个人是被忽略的,并且没有扮演一个重要的学习角色。

(二)文化模式

舒曼被认为是文化模式的倡导者,他最早提出语言的习得是外在的因素加诸学习者。舒曼的重要理论是探讨社会及心理的距离对第二语言及学习的影响。舒曼(1978)提出的理论指出语言的习得"是由学习者与所学语言的文化之间的社会及心理距离所决定"[①]。舒曼指出社会距离是指两个社会团体的关系。舒曼研究从哥斯达黎加来美学习英文的 Alberto,舒曼探讨这位学习者学习速度缓慢的原因,发现他对所学习的语言有社会及心理的距离。他指出八个影响社会距离的因素:社会权力关系、融合的形态、开放程度、聚合力、大小、文化的融合度、态度和打算居留的长短。

舒曼也指出心理距离对于认知的影响。心理的距离是指个人的特色。心理的因素包括如下几点[①]。

(1)语言障碍,即学习者在使用第二语言时常常有不理解或不清楚之处。

(2)文化障碍,即由于所学语言的文化与本族文化差距较大而引起的恐慌、紧张及不知所措。

(3)动机问题。

(4)个人形象问题。

舒曼发现早期的第二语言的认知与洋泾腔类似。他认为第二语言的学习者若是有很大的社会及心理的距离,这位学习者将会停留在初级洋泾腔的阶段。

---

① 蔡昌卓,刘振聪. 英语教学研究与论文写作[M]. 桂林:广西师范大学出版社, 2002.

（三）监视模式

克拉申的监视模式有五个不同的假设。

1. 习得及学习的假设

克拉申（1985）认为有两种不同的方式发展第二语言的能力，而这种能力包括习得及学习。习得是一个下意识的学习语言的过程，这与儿童学习第一语言的过程类似；学习则是一个有意识的过程，是熟悉语言的知识（know about language）。

2. 自然顺序的假设

克拉申解释这个概念首先来自科德（Corder，1967）。这个假设提及我们学习语言有一定顺序。有些法则比较快习得，有些则比较慢，但这些法则和顺序与学校教语法的顺序并没有关联。

3. 监视的假设

这个假设指明习得与学习的运作。克拉逊认为我们创造口语的能力来自我们下意识所得到的能力。学习是有意识地获得和运用语言知识，扮演着一名编辑及监视者的角色。我们说或写之前可用"学习"来纠正错误，或者是改变结果。在用到监视器之前，必须有条件，如使用者必须有意识地关注正确性并且熟悉法则。

4. 输入的假设

这个假设认定人们是透过外在语言的输入而学习语言。若我们理解了语言的输入，我们的语言能力就可以在自然的法则中一步一步地渐进提高。语言输入常具有下一阶段的结构，而这个结构是超越了我们目前所能了解的范围，我们目前的能力是 i，而我们进展到下一个阶段所具备的能力则应是 i + 1。举例来说，我们目前知道英语的进行式，若要知道过去式，我们就必须常听到过去式的结构。这些语言的获得最主要的是靠情境的帮助，这些情境包括非语言的信息。这个假设有两个要点。

第一，"说"是习得的结果，而不是原因。

第二，假如输入是可被了解，而且有足够的输入，我们便自然习得语法。

5.情绪及心理假设

虽然可理解的输入是习得语言所必需的,但是并不是所有的条件,语言学习者必须有开放的心态去接受语言的输入,人的情绪及心理的过滤网就像一个心理的阻碍,会妨碍学习者习得语言,影响人们获得可理解的输入。

第三节　英语语言学与英语教学的融合研究

一、语言学与语言教学的关系

20世纪的语言学蓬勃发展,为语言教学的理论和实践展示了前所未有的开发机遇。然而,语言学是一门独立的研究科学,有自己的特定研究领域及其应用范畴;有自己专门的组织、杂志以及学术会议。特别是第二次世界大战后更是繁多。语言学是一个理论性的科学,对语言教学起指导作用。在20世纪里,语言学对语言教学起较大作用的是行为主义的理论和结构主义的理论。这两种语言学理论都对语言教学中的教学原则、教学大纲、教材编写、教学方法、教学评估等起到决定性的作用,均在一定的历史时期占主导地位,对我们深刻认识语言和语言教学的本质和教学规律做出了卓越的贡献。

行为主义的理论源于心理学,这也是心理学对语言教学的贡献之一。行为主义者认为,心理学不要研究那些证实不了的意识、感觉、意志或精神,而应该研究看得见、摸得着的行为。美国心理学家兼教育家卡罗尔(Carrol)在其 *The Study of Language* 书中阐述了语言是一整套习惯性反应总和的观点。斯金纳的 *Verbal Behavior* 一书(Skinner, 1957)的出版使行为主义理论达到了高峰。斯金纳认为语言学习像动物如老鼠取食一样,是一个刺激—反应(stimulus-response)的过程,是一个反复练习的过程,在这个过程中要求学生区分并掌握语言差异,并通过强化训练获得语言行为。由行为主义理论发展而成的听说法对语言教学影响很大,当然听说法也有结构主义的极大贡献(下段另有阐述),因此心理学和语言学理论的结合造就了听说法。听说法对外语教学实践产生了巨大影响,其模仿、强化、操练等还是相当多教师在外语教学中的做法,其口语领先、实践性原则还具指导意义。其主要问题是把动物的畜生本质直接应用于人的行为中来,这违背了人性的轨迹,也背离了行为主义本身的语言假设。正如乔姆斯基在其 *A Review of Verbal Behavior* 一文中猛烈抨击行为主义观点那样,语言学习过程绝非简单的刺激—反应过程,而是一个主观能动性发挥巨大作用的认识过程。

结构主义把语言看成一个相互联系的结构,结构内的每一项都在与本系统中其他项联系中获得自己的本体和效用。从这一点来看,整个 20 世纪的语言学大都是结构主义的。20 世纪现代结构语言学的奠基人,瑞士语言学家索绪尔(F. de Saussure,1857—1913)把语言比作象棋,他认为棋中的每一个独立的棋子本身是没有什么价值的,走任何一个棋子都要看所有其他棋子对它的相互作用。他的贡献在于区分了下列基本概念:历时语言学和共时语言学(diachronic linguistics and synchronic linguistics)、语言和言语(langue and parole)、纵聚合和横组合(paradigmatic and syntagmatic)的"联系"关系,语言符号的"能指"和"所指"。而结构主义的发迹是在美国著名语言学家布龙菲尔德(Bloomfield,1887—1949)名著 *Language*(1933)出版后,立即在语言学界引起强烈反响,甚至是一场革命。他写此书本意是想建立套完整的语言学概念和定理并界定语言学与其他科学的关系,以此使语言学真正成为一门科学。他主张把语言学研究的对象限制在话语形式上,从中找出语言的规律和结构,其当时在语言学界的影响很大,原本与语言教学并无关系,是第二次世界大战美军在境外的语言需求把结构主义语言学的基本观点运用在教材中。

20 世纪 50 年代在美国语言教学界兴起。20 世纪 60 年代风靡世界的听说法,布龙菲尔德的语言理论起到了相当大的决定和指导作用。20 世纪 50 年代末,乔姆斯基(1957)提出了转换生成语法。在此乔姆斯基开辟了语言学研究的一个崭新的天地,称之为转换生成语法,1965 年他出版的代表作 *Aspects of the Theory of Syntax* 是个纲领。

乔姆斯基的语言学理论以一个新的视角研究了语言和语言学的本质,他把对语言的线性分析带入了垂直分析的轨道,进而从表层分析引入深层,从行为观点引申到认知机制中来,这扩展了我们教学的视野。再者,乔姆斯基提出的能力和行为的区分,对整个语言教学起相当大的推动作用,这使从事语言教学的人不仅要让学生获取知识,更重要的是让学生使用这些知识。遗憾的是,乔氏把语言使用者理想化、抽象化了,不利于语言教学的实际操作。另外,语言教学界真正广泛接受乔姆斯基的语言学理论还得益于格氏塔心理学的理论。格式塔心理学认为人类感知、认知和学习有其内在的组织原理,强调学习者要从事有意义地学习,不是机械地刺激反应,发挥他们的主观能动性,指出人类学习的本质是感知和认知。鉴于这种认识,语言教学中教师不仅要教授语言形式,教授句型及其句型转换和替换,更重要的是教意义,用语言表达自己的意愿、思想等。学生在语言学习过程中不是被动地吸收、刺激后的反应,而是发挥自己的主观能动性,运用自己的认知能力去思考、去发现语言规律,主动积极地进行学习。

二、英语语言学理论与英语教学法

英语教学法的产生与英语语言学有着紧密的联系,即基于一些语言学流派,无论是传统语言学流派,还是现代语言学流派,其中都蕴含着自己的语言学理论,并产生了相应的英语教学法。当前,比较著名的英语教学法主要有如下几种。

(一)翻译法

翻译法又称语法翻译法、传统法、阅读法或古典法。翻译法就是注重语法用翻译的手段来教授外语书面语的一种方法。其目的是培养学生的阅读能力,磨炼学生的智慧。

在外语教学中用翻译的手段进行教学已有很长的历史。1880年以前,欧洲大陆的外语教学以教授古典语言(古希腊语和拉丁语)为主,这是文艺复兴时期以来人文主义教育的一个重要内容。由于古典语言是一种"死"的语言,学习古典语言的目的,主要是阅读古典文献,而不是作为交际的工具。适应这种教学的需要,翻译法产生了。在翻译法方面较有影响的理论家是普洛茨(Karl Plotz)。翻译法作为外语教学最根本的方法,强调用本族语来教授外语,教学中说出一个外语单词,马上译成本族语;或说出一个外语句子,也马上译成本族语。强调语法作为教学的基础,认为学习语法有助于理解和翻译外语,要求学生记忆和背诵语法规则。整个外语教学过程都依靠本族语,把翻译作为教学手段,也作为教学目的。

作为外语教学里历史最久的方法,翻译法的优点如下。

（1）充分利用母语,把翻译作为掌握外语的手段。

（2）重视培养阅读能力,强调学习原文,大量阅读。

（3）重视学生的理解能力,系统讲授语法知识,强调背诵规则和例句来掌握外语。

（4）教师使用方便。对教师的水平和教学条件要求较低。翻译法是历史的产物,有它的合理性。

今天看来,它有许多局限性,其缺点包含如下几点。

（1）忽视听说能力的培养,重文轻语。

（2）过分重视母语翻译的作用,忽视非翻译性训练外语手段的运用。

（3）过分重视语法知识传授,忽视言语交际能力的培养。

（4）强调死记硬背,教学方式单一,不易引起学生的兴趣。翻译法自产生之日起,在不断发展和变化。我国传统外语教学中的翻译法,是经过改良了的,已不同于古典翻译法的一种,因为人们在使用该种方法时注意了语音、语调和听说教学。

（二）自觉对比法

自觉对比法是苏联 20 世纪 30 年代到 60 年代所推行的一种外语教学法。自觉对比指的是学生掌握语法规则时,自觉理解语言材料并对比外语和母语语言知识的异同点,以使他们能更自觉地、更有意识地掌握外语。它是在特定的历史条件下产生的。十月革命后,苏联对文化教育方面的资产阶级学术思想和资产阶级的意识形态进行了猛烈的批判,当时许多人认定外语教学的直接法是资产阶级学术思想的代表,必须彻底批判,以便在批判中创建自己的教学法体系——自觉对比法。

当时苏联的语言学认为,语音、词汇和语法是构成语言的三个要素。外语教学的任务就是掌握语音、词汇和语法三要素。外语教学界普遍强调,学习和掌握外语是在母语的基础上完成的,学习外语必须依靠母语,排除母语是完全不可能的,是不科学的。因此,外语教学应采取依靠母语的原则,对外语和母语进行对比,充分发挥母语的正迁移作用和消除母语的干扰因素,从而加快学生学习外语的进程。自觉对比法强调讲解语法知识,以语法为纲,外语教材的编写也以语法知识为线索。所以,教学中大部分时间用在讲解语法规则、语句的分析、翻译和对比上。认为只有在对外语的充分理解的基础上进行模仿、操练，才能记得牢靠，才能培养技能和熟巧。自觉对比法还强调书面语是学习外语的基础，翻译、分析和背记课文是外语教学的中心。

由此可见，自觉对比法与翻译法十分接近，有许多地方甚至，是一脉相承。我国在20世纪50年代的外语教学中基本上是采用自觉对比法。

自觉对比法的优点如下。

（1）充分重视外语教学的普遍教育、教养意义。

（2）重视语法在学习外语中的作用，强调自觉性学习的重要性。

（3）强调两种语言的对比，发展了母语和外语对比的理论。

（4）注重阅读能力的培养。

自觉对比法也有如下缺点。

（1）过分地强调母语和语言知识对实践的指导作用。把外语教学当作语言知识课，讲得多，练得少，忽视实际言语技能的培养。

（2）过分地强调书面语的作用，忽视口语能力的培养。

（三）听说法

听说法的理论基础是美国的结构主义语言学（或称为描写语言学）和行为主义心理学。以布龙菲尔德为代表的结构主义语言学家们对外语教学理论做了大量的研究工作，发表了许多重要著作，为听说法产生铺平了道路。布氏的《论语言》《实际学习外语指导纲要》和弗里斯的《教与学作为外语的英语》被公认为听说法理论的奠基之作。这些结构主义语言学家们的观点概括起来可以列为以下几点。

（1）语言存在于言语之中，要从言语材料中找出语言的层次结构，通过对这些结构层次的反复大量地盘练，就能实际学会该语言。

（2）语言系统的各要素是由一定的结构形式组成的，而不是按传统语法规则生成的。因此，教学必须建立在对目的语的结构特征的客观分析和对比上。

（3）"语言就是语言"，也就操该种语言的当地人说的话。文字是第二性的，学习语言应该学习口语。

行为主义心理学家华生（J. B. Watson）和斯金纳（B. F. Skinner）等人通过对人的行为，特别是学习行为的研究，得出了这样的结论：人具有高度的行为条件反射能力，这种能力建立在学习程序的三个要素之上。这三个要素是：刺激—反应—强化。在学习过程中，"强化"起最主要的作用。因此，在外语教学中，应该让学生通过模仿反复操练、大量实践来养成新的语言习惯，达到外语运用自如的程度。

听说法的特点如下。

（1）听说法在某些方面与19世纪的直接法一样，主张将口语学习放在教学首位，语法、翻译以及文学语言的学习不能作为外语教学的主要任务。但听说法较之直接法更注意对声音符号的研究以及语音、语调、重音等作为言语手段的分析和运用。

（2）听说法主张学生从学习外语的第一天起就要准确地模仿每一个句型的层次结构、语音、语调，不放过任何性质的错误，以培养正确的语言习惯。

（3）听说法主张课堂教学应该将句型操练作为重点，而不是以语言理论知识的讲解为重点。布龙菲尔德说：学习语言就是实践、再实践，其他方法是没有用处的。

（4）听说法主张用句型这一结构来组织语言材料和训练语言各项技能。句型不仅具有结构意义，还具有语汇意义和社会意义。

（5）教学过程要按照先听说、后读写的次序进行。

（6）运用语言对比分析法来制订教学大纲、编写教材、安排教学进度。通过对母语和外语，外语内在结构的分析、对比，找出教学难点，使教学过程有针对性、科学化、系统化。

（7）听说法不主张用母语解释外语和进行翻译，认为同时用两种语言会减慢学生的外语反应速度，不利于培养口语的流利。

听说法是外语教学界流传最广、影响最深的实证主义教学法。它的产生标志着外语教学法开始建立在语言学理论新成果的科学基础上。在教学实践中，它为社会培养了大批掌握外语口语的人才，功绩显著。它的主要优点如下。

（1）重视听、说能力的培养。

（2）强调语言的实践性。

（3）以句型为教学中心。

（4）母语与外语客观分析对比运用于教学难点的确立。

（5）建立了一套练习体系用于培养新的语言习惯。

20世纪60年代是听说法发展的鼎盛时期。从20世纪60年代后期至今，听说法受到了外语学术界的批评。其具有如下缺点。

（1）听说法将言语活动与交际情景以及上下文的联系割裂开来,使句型结构失去了活用基础。

（2）听说法将受意识控制的人的言语行为与动物单纯的刺激—反应过程等同了起来,忽略了人的逻辑思维在外语教学中的促进作用。

（3）在全日制普通学校里,听说法的效果往往不尽人意。这主要是由它的局限性所致的。一般认为,听说法在具备下列条件时才能有较好的效果:良好的外语社会环境,具有相当口语能力的外语教师,短期强化班学制,十人左右的小班编制,每天8小时左右的学习外语时间,学生具有强烈的学习动机。

（四）直接法

19世纪中叶,西欧资本主义进入了蓬勃发展的新时期。国际市场的扩大、交通工具的改进使各国在政治、经济、资本、科技文化、生活等方面来往日益增多,使用外语口语作为主要交流手段的领域和机遇越来越频繁。用传统的语法翻译法培养出来的外语人才尽管对书面语的理解和运用游刃有余,却不能满足新时期社会对外语口语人才的需求。因此,人们迫切需要寻找一种新的外语教学途径,使外语教学更有成效。于是,教学界、心理学界、语言学界的人士共同参与了外语教学的改革。作为外语教学改革的产物,直接法这一以语法翻译法为对立面的外语教学法应运而生了。

根据幼儿学语的情况,直接法教学家们提出了"直接用外语本身来教外语"的主张,在实践中比较一致的做法大致有以下几点。

（1）采用直观手段来教词汇,尽量不用母语来说明词义。

（2）从口语入手进行外语教学、而不是从文字符号入手。语音教学是外语教学的重要环节。

（3）教材必须用当代的日常语言编写,使学生学到能实际运用的语言。

（4）将语法放在教学的十分次要的位置上,用归纳法教语法规则。

（5）幼儿学语主要是靠模仿多练,学好外语也必须靠大量的模仿练习。但是,这种模仿练习必须是控制的、在精选语言材料的基础上循序渐进的过程,而不是幼儿学语那种无计划、无目的的自发性过程。

（6）教学以句子为单位,不要孤立地学习词汇、语音、语法。以句子为单位学习,有利于实际运用语言能力的培养。

直接法的主要优点如下。

（1）直接法对语音教学的重视为理论语音学的发展提供了保证。

（2）直接法创立了一套行之有效的口语练习体系，有利于培养口语人才。

（3）在教学中运用各种直观手段，使义与形直接联系，有利于记忆和用外语思维的习惯养成。

直接法属于经验主义教学法。它也具有如下几个缺点。

（1）由于直接法突出了外语口语的教学，书面语方面的培养水平却低于用语法翻译法培养出来的水平。

（2）直接法只看到母语对外语教学不利的一面，看不到其有利的一面，因此在教学中一味排斥母语，宁可绕弯子让学生去猜测词义也不肯用母语简单将它道破。

（3）直接法不能区分幼儿学语与成年人学外语的不同，因此在教学中对人的智力发展和自觉性的发挥不注意利用。

（4）该法对教师的外语口语要求较高。

（五）认知法

认知法产生于 20 世纪 60 年代，是针对听说法提出来的。由于听说法存在忽视人类大脑的智能作用、反对语法讲授等一系列的不足，以美国心理学家卡罗尔（J. B. Caroll）为首的反对听说法的杰出人物受心理学家布鲁纳（J. S. Bruner）和语言学家乔姆斯基（N. Chomsky）的影响，试图用认知符号学习理论（cognition-code approach）来代替刺激—反应学习理论，强调人能够进行感知、记忆分析、综合、判断、推理等一系列智能活动，强调语法理论知识的重要性，主张教学目的应该听说读写齐头并进，教学内容上重视语言知识和语法规则，但反对死记硬背，要在实践中、操练中学习。教学方法首先强调认知、理解，经过操练，达到能用的目的。

归纳认知法理论，我们便可总结出以下几个特点。

（1）教学要以学生为中心。

（2）强调有意义地学习，有意义地操练。

（3）听说读写并进。

（4）不排斥使用母语。

（5）有错误是可以理解的。

认知法是和直接法、听说法、视听法对立的教学法体系,是语法翻译法的发展,卡罗尔 1964 年写的《语法翻译法的现代形式》即说明了这一点。

认知法的优点如下。

（1）注意培养学生的自学能力,充分调动学生的学习积极性。

（2）突出培养语言能力,强调在理解的基础上进行有意义的操练和交际活动。

（3）适当地利用本族语克服了翻译法依靠母语的极端性。

（4）对外语学习中语言错误的看法有了改变,主张对不妨碍交际的错误不必进行过多的消极的指责和纠正。

认知法具有如下缺点。

（1）不分阶段笼统地提倡口语和书面语同等重要。

（2）认知法作为一个新的独立的外语教学法体系尚处在探索阶段,需要从理论上和实践上不断加以充实。

（六）默教法

"默教法"认为,外语或第二语言的学习过程与儿童学习母语的过程极不相同。这是因为成人学习外语时已具备了儿童学母语时所不具备的知识,所以成人无法用习得母语的相同方式来学习外语。儿童通过自然的、直接的途径习得语言,而这对成人来说却不适用。只有通过"人为的"途径和处于严格控制下的教学过程,才能获得良好的学习效果。

"默教法"的核心是教师尽量少说话,学生尽量多活动,从而创造一种"缄默"的课堂气氛。"默教法"认为:"缄默"的课堂气氛迫使学生将"自我"投入学习中去;学生成为学习主体和学习活动中心,只有依靠自己的力量才能学会外语。"缄默"迫使学生积极思维,因而有助于加强记忆。现代心理学研究证明:大脑最积极最活跃的思维活动发生于静默的外界环境之中。例如,人脑对外界信息的记忆整理加工发生在睡眠时刻。精神分析专家常用催眠术和暗示疗法来唤醒病人对某一经历的回忆。积极思维活动所消耗的脑能要多于机械模仿操练所消耗的脑能,因此积极思维的记忆效果优于机械记忆的效果。

"默教法"注重培养学生在学习中的独立性、自治权和责任感。独立性指的是学生在学习过程中的"自我投入",自治权指的是学生自由和自主地选择语言项目和主动进行言语交际,而责任感则指学生在学习过程中自然地建立一种"内心准则",对自己的言语活动进行监测和自我纠正,对语言的使用做出恰当合理的选择。

这一方法的教学特点如下。

（1）教从属于学。学比教重要,学生应当是学习主体和学习活动的中心,以尽可能缄默的方式引导学生将"自我"投入言语交际活动之中。

（2）教师少说,学生多动。在整个教学过程中教师很少说话,而主要依靠彩色小棒、颜色音图和实物等教具和动作、手势进行教学。教师除了示范需要学习的新的语音、词汇和句子让学生模仿之外,只是默默监听学生练习。

（3）教师不改正学生的错误。"默教法"认为,学生在学习过程中能自动建立一种内心准则,对自己的言语交际进行监测和自我纠正。教师示范发音后,让学生借助彩色小棒和语音图片发音,教师默默监听。如学生的读音有误,教师一般通过让另一名学生发出正确读音的做法予以纠正。

（4）口语领先。"默教法"注重通过直观教学培养学生听说能力,特别是即席说话的能力,随后培养学生读写能力。

（5）不用母语。"默教法"认为语言是客观事物的符号,外语语言符号既可用母语解码,也可以用实物教具等物品来解码。"默教法"主张在模拟情景中,通过彩棒图片那样的替代物来介绍外语语言知识。

（七）视听法

"视听法",也称"视听整体结构教学法"。该教学法运用环境、语境、画面、声音和语义的整体联系,通过录音、幻灯、电视、电影和录像等电教设备将学习信息同时作用于人的视觉和听觉从而产生眼、耳和脑整体感知作用,故称为"视听整体结构教学法"。

视听法首先由南斯拉夫萨格勒大学语音研究所主任古布里纽（P. Guberina）于1954年提出。由于具体研究工作是在法国教育部领导下,由法国圣克卢高等师院的"全世界普及法语研究所"负责进行,因此视听法也称圣克卢法。由于该教学法利用电教设备进行情景教学,因此又称情景法。

视听法源于直接法和听说法。它主要吸收和继承了直接法的三个基本要素。

（1）通过情景和画面等直观手段,培养直接运用外语的能力。

（2）口语领先，听、说、读、写能力培养的顺序是听—说—读—写。

（3）句本位原则，学习外语首先是通过完整的句子学。同时，视听法还吸收、继承了听说法的用口语训练句型的基本原则。

视听法具有如下几个优点。

（1）视听法运用声光电的电教设备，把语言和形象相结合的方法用之于外语教学，从而调动学生的逻辑思维和形象思维，使大脑左右半球同时发挥作用。这有利于培养学生对外语的直接感觉和直接转换能力并有利于排除母语干扰。

（2）视听法音像教材声形并茂，同时作用于学生的视觉和听觉等感官，因而加深了对所学内容的印象。

（3）视听说教学有利于激发学生的学习兴趣和有利于集中学生的注意力。

视听法还具有如下几个缺点。

（1）读写能力有所忽视。视听说课时间大多用于听说训练上，而读写训练没有及时跟上，其结果是，如果外语教学主要用视听法来进行的话，学生的听、说、读、写能力就得不到全面发展。

（2）过分强调视觉直观作用。尽管视觉形象有助于释义和运用外语，但视觉不是经常能保证语言的正确性。对于一些抽象的词汇和语法结构，不通过语言讲解难以表达清楚。

（3）有些电教设备如幻灯机操作不便，解说和画面难以配合恰当，缺乏一种真实的实际现场感。

第二章
词汇学理论指导下的英语教学策略

　　词汇是英语语言系统中最为活跃、生命力最强的一个因素,也是人们进行交际、表达思想的基本语言单位。将词汇学理论运用于英语教学,将能显著提高英语教学的有效性,对英语教学改革起到指导性作用。本章将对词汇学理论指导下的英语教学策略进行探究。

第一节　词汇与词汇学

一、什么是词汇

　　词究竟是什么? 我们应该如何给词下一个明确的定义呢? 查看语言学经典著作和中外权威词典后,可以发现许多古今中外的语言学家对词的定义说法不一,许多词典里词的定义也不尽相同,这似乎说明人们到现在为止还没有找到一种普遍适用的定义能全面、精确、完美地反映词的全部本质特点。但是可以肯定的是,人们对于词的一般的、本质的特征还是有普遍认知的,这就使我们有可能了解词的概念。

　　苏联的语言学家在《词的词汇成分和语法成分》中也提到:词在词汇领域内和语法领域内是语言必备的单位,因此必须把词看成是语言的基本单位:一切其他的语言单位(如词素、短语、某种语法构造)无论怎样都是以词的存在为前提。

　　然而对"什么是词"这一问题尽管长期受到语言学家的关注,人们也提出了很多的定义，可是似乎没有一个看起来完美无缺的，因此迄今为止，学者们尚未能就词的定义达到一致。有一点是可以定下来的，那就是对词所下的定义所涉及的基本内容不外乎是音和义的问题。

有的人认为，词是语音和意义的统一体，语音是词的物质外壳，意义是词的物质内容。有的人则认为，词具有固定的语音形式，代表一定的意义，属于一定的语法范畴，体现一定的语法功能。

《朗文语言教学词典》将 word 定义为，在口语或书面语中独立出现的最小语言单位，但是这一标准并不总能适用。例如，类似 the 这一类的功能词能独立出现吗？ can't（即 can not）这一类的缩写形式算一个词还是两个词？可是，有证据表明，说本族语的人对于他们的语言中什么是单词，往往看法一致。

综合语言学家们对词的定义，我们可以说词是语音和意义（包括词汇意义、语法意义）相结合的语句的基本结构单位。或者可以说，词是具有一定语音形式，表示一定意义，能够自由运用的最小语言符号。例如：

She has the ability to swim like a fish.

本句中的所有单词都是音与义的结合体，也是构成全句的基本结构单位，其中 she、ability、swim、fish 具有独立的词汇意义，the、to、like、a 在表示词汇间关系时产生词汇的语法意义，has 独立地具有词汇和语法意义。

可以说，词是最基本的结构单位，由一个或几个词素组成，通常在短语结构中出现，词是一种语言符号（linguistic sign），具有意义和形式。词汇是一个表示集合的名称，词只是词汇中的一个成员而已。词汇作为语言的建筑材料，直接反映着使用某种语言的人们在生活中所发生的变化，直接反映着人们对新事物、新现象认识的广度和深度。词汇能够反映语言的发展状况。一种语言的词汇越丰富、越纷繁，这种语言就越发达。英语是世界上十分发达的语言，首先便是表现在其词汇的无比丰富上。据初步统计，当代英语的词汇量已超过了百万。

二、什么是词汇学

（一）词汇学的内涵

词汇学（lexicology）是一门有关词的科学（the science of words）。

词汇作为语言系统的重要构件——音、形、义的结合体——是反映现实世界最直接、最完美的符号系统。对词汇系统的深入研究有助于人们探索语言本质,分析语言的变化和发展规律。但人们对词汇学研究的重视程度是在不断发展的,自 20 世纪 90 年代以来,随着相关专著的不断问世和《词汇学》(*Lexicology*)杂志的创刊,词汇学开始在现代语言学领域里取得一席之地。

我们从这本书的基本内容里就可以大致了解现代词汇学的内容和意义。此书分成十一个部分。第一部分总体介绍词汇学这门学科和它的基本理论;第二部分具体讨论词的形式和内容(意义)以及它们之间的关系;第三部分从纵聚合关系(paradigmatic relation)的视角,详细论述了词汇学研究的核心内容——语义关系;第四部分阐述词汇学的研究范围包括词汇的内部结构(词义)、词汇的外部结构(词形)、词汇的历史变化和词汇的应用等四个方面;第五部分主要研究词汇学的方法论;第六部分研究词汇的社会差异和地区差异;第七部分重点是词汇的共时研究和历时研究;第八部分讨论词汇场的对比研究,如亲属关系、颜色、情感等;第九部分主要讨论词汇和语法的关系;第十部分研究的内容是心理词库;最后一部分讨论词汇学与语言学内部分支学科和外部其他相邻学科的关系等。这本书以语言学为背景,词汇学为线索,涵盖了语音、词法、语义、语法、语用、文体等独立分支学科,还从跨文化的视野和跨学科的视角阐述新颖的理论,使读者对词汇学和词汇学研究有更全面、更深入的理解。现在我们可以说,随着语言学和其他相关学科的交叉、重叠、渗透和融合,对词汇的研究已经开始步入一个跨学科、多视角和全方位的新阶段。

(二)当代词汇学的现状

语言记录着人类的发展进程,是人类交流思想、传递信息的工具。当代英语国家和地区的社会、政治、文化、经济等方面变化纷繁复杂,科学技术和信息现代化发展迅猛异常。对于国际社会的变化和发展影响很大。历史进入 21 世纪的时候,全世界使用英语的绝对人数已超过 11 亿,仅次于汉语,但英语的运用范围则远远大于汉语。

21 世纪是信息的时代,语言是信息的载体,从这一意义上说,21 世纪也是语言学的时代。现在世界上计算机储存的信息 80% 以上以英语为媒体,50% 的报纸用英语出版,75% 的信件用英语书写,60% 的电台用英语广播,互联网上 90% 以上是英语信息,其中 80% 以上的信息和 95% 以上的服务是世界上最主要的英语国家之———美国提供的。2006 年 3 月英国文化协会在一份名为《英语走向何方》的关于英语全球地位的最新研究报告中指出,英语在全世界的广泛传播确立了它在全球的统治地位,英语仍然是走遍天下的一个重要交际工具。报告用数字表明,自 1945 年以来,英语教学急剧扩张,10 年后全球将有 20 亿人在说英语或学英语。尽管我们会不时听到一些不同的声音,如 2006 年 2 月 14 日英国《金融时报》报道说:"说英语的人经济价值下降"(Economic value of English speakers dwindles);同年 11 月在联合国互联网管理论坛上,许多与会代表指出,英语占据互联网语言的统治地位是对其他语言的不尊重,也不利于全球文化的多样性发展以及信息共享[①]。

其实早在 2005 年英国就掀起过用多种语言取城名(website addresses)的运动,以体现文化和民族的多元化。但国际间使用英语交际的程度仍在不断提升。特别是 20 世纪以来,新事物、新经验、新思想、新科学、新技术大量涌现,都在词汇中得到了充分的体现。据美联社报道,英国牛津大学出版社 2006 年 5 月宣布,"牛津英语语料库"收集的英文词条已突破 10 亿。互联网和移动通信在全球范围内的普及更加快了英语造词的速度,包括网络英语在内的现代英语词汇能够直接反映当代英语发展的新趋势和新特点。

英语词汇是英语语言系统组成部分中最敏感、最活跃、最具生命力的部分。与其他组成部分相比,它发展最快、变化最大,而语音、语法则相对稳定,渐变性较强。当代英语创造新词的手段变得越来越丰富。形成了英语中不断出现新词、新义和新用法的时代特点。

首先,历史的进步和社会的发展使得英语这门语言的词汇日新月异,英语词汇中的新单词和新词组,或是说明一项重要的科技演进和创新,或是说明一项重要的财经观点和政策,或是说明一个重要的政治事件和活动,或是说明一种重要的文化时尚和思潮。例如:

Google (n. 谷歌,全球知名网络搜索引擎)和 blog (n. 博客,即网络日志,记录个人活动、意见等的网页),这两个单词还可转化成动词,分别表示上网搜索查询(Google)和通过不断更新等途径来维护网络

---

① 汪蓉培,王之江.英语词汇学 [M].上海:上海外语教育出版社,2008.

日志；Reaganomics（*n.* 里根经济学），指由美国第 40 任总统（1981—1988）罗纳德·里根（Ronald Reagan,1911—2004）实行的以减税刺激供给的里根经济政策；euro（*n.* 欧元），指欧盟的 12 个成员国在 2002 年全部使用的一种新的统一货币；win-win（双赢的），指双方都能同时受益的；stakeholder（利益攸关方），原义为"赌金保管人、股东"等，2006 年 5 月 10 日美国时任副国务卿佐利克对美国众议院国际关系委员会发表谈话时说，中国有必要成为"负责任的利益攸关方"，美国官方把这个词用在处理中美外交事务的政策上，就赋予了它新的含义，说明中美两国利益与共的关系将可能不断加深；mouse potato（计算机迷），指整天坐在电脑前面的电脑迷，类似的还有 couch potato（沉迷于看电视的人），尤指 20 世纪 90 年代出现的整天蜷缩在沙发里的电视迷；PK（对决），即 player killing，指网络游戏中的玩家与对手的决斗，也指对手间决定胜负的淘汰赛。

其次，英语词汇正在向更简洁、精练、明了的方向变化和发展，造词也愈显自由和方便。由于当前网络社会基本上以英语为通用语言，因此英语词汇的这一特点在日常使用的网络语言中尤为突出。在一个基于互联网技术发展的网络空间中，人们的互动关系主要是依靠英语来维持，电脑操作和网络操作的命令语言是英语，计算机语言用英语编写，网址用英语注册，乃至网络中使用的检索工具也是英语的。英语化信息几乎已经在互联网（interconnection network, internetwork 或 internet）上形成了语言垄断，成为网络群体在网络社会生存的关键因素。互联网又称信息高速公路（information superhighway）。这就需要信息的主要载体——英语简洁、精练，明了，造词也要更自由，更方便。"网络"一诞生，就有许多与此有关的新词语应运而生。例如，network（计算机网络），online（联机的 / 地，在线的 / 地），cyber（计算机网络的），Internet（因特网），WWW（World Wide Web, 即 the Web, 万维网），hypertext（超文本），hypermedia（超媒体），home page（主页），Telnet（远程登录），browser（浏览器），Archie（互联网网络文件查询工具），Directory service（目录服务），firewall（防火墙, 用防火墙保护网络或系统），domain name/DN（域名），courseware（课件, 教学软件），electronic shopping（网上购物），Internet Addiction Disorder（上网成瘾），digital divide（数字鸿沟, 能上网的人与没条件上网的人之间的差距），Web Intelligence（网络智能），brain informatics（脑信息学）。

现在媒体上经常出现的 CCTV（中国中央电视台），CEO（首席执行官），NBA（美国国家篮球协会），VIP（重要人物），WTO（世界贸易组织）等，人们已经耳熟能详了。这种广泛使用英语缩略词语的现象，正好也说明了英语词汇发展变化的特点。对于我们中国的英语学习者来说，它们简洁明了，容易记住，便于使用。例如，CD，VCD，DVD，Win98，MP3 等表达的事物与人们日常生活紧密相关；APEC，GDP，GPS，DNA，MBA，SARS 等词词形比其中文译词简约，因而比其相应的中文译词更为通行；EQ（情商），FAX（传真），B2B（商家对商家），B2C（商家对客户），C2C（客户对客户），VS（对阵）等英语缩略形式不一定比其中文译词简约，但它们夹在中文中比较醒目，常为媒体采用。

最后，英语作为一种世界性的语言，本身就包含来自全球各地多种民族语言的词汇元素。随着国际交往日趋频繁以及宣传媒介的普及，越来越多的外来词已经而且将继续进入英语。英语词汇中有不少西（班牙）式英语、德式英语、俄式英语、日式英语、印度英语等，多达 60 多种。据英国媒体 2006 年 4 月 16 日报道，根据美国全球语言监察机构公布的统计数字，2005 年全球英语词汇数量中新收录的词语约有两万，其中中式英语多达两成，有 4000 余条。该机构总裁帕亚克说，目前，随着中式英语以及其他多种将英语与各民族语言相结合的语言得到越来越广泛的应用，世界性英语将有可能不再仅由英式英语或美式英语来主导。这些进入英语的外来词，不仅使英语词汇更趋丰富，具有国际性特色，而且也证明了世界上不同文化的融合速度正在加快。现在随着全球化进程的加快，英语的这种特性越来越明显了。例如，tsunami（海啸）来源于日语，elie（精华、精英）来源于法语，clone（克隆）源自希腊语，EINio（厄尔尼诺现象）源自西班牙语，taikonaut 源自汉语（中国的太空人、航天员）。taikong 这个词的前半部分 taiko- 接近于汉语"太空（taikong）"的发音。而它的后缀部分 -naut 与西方语言中代表宇航员的单词 astronaut 的后缀完全一样，从而构成了一个绝妙的中西合璧词语。

2008 年北京奥运会吉祥物"福娃"的正式英语译名为 Fuwa。就像已经进入英语词汇的中式英语 Kungfu（功夫），Qigong（气功），Taichi（太极）一样，Fuwa 也将会获得国际社会的广泛认可。

作为一种强势语言，英语充满活力，造词能力强大，几乎每天都有新闻产生。专家分析，这种快速增加的趋势还会保持下去。但是，这种发展是螺旋式上升的。和其他语种一样，英语中有些词语在使用过程中会慢慢消失,还有一些词甚至是常用的情态动词,诸如 shall,should,must,may 等近年来在主要英语国家的使用频率也在明显下降,而代之以 have to,have got to,be supposed to 等半情态动词。自然科学的飞速发展,使英语科技新词与日俱增,但英语中人文词汇同时在闪耀着动人的光芒。我们知道,英国人说过:在上帝之后,莎士比亚决定了我们的一切。那就是说,他们的价值观是被《圣经》和莎士比亚决定了的。莎士比亚在他的作品中用了 3 万多个人文词汇,很多目前常用的词语都是他创造的。例如,foul play(不正当行为)等。renaissance man 正是指像莎士比亚这样的"文艺复兴时期的理想完人",他代表的博学。博学是后人开创文明世界的重要源泉之一。

现在主要英语国家的中小学课本中有不少莎士比亚的作品或选段。2004 年 11 月 24 日,"最优美的 70 个英文单词"评选结果在英国首都伦敦产生。此项调查评选是为庆祝英国文化协会成立 70 周年面举办的。根据英国文化协会对 4 万名海外投票者和世界各地英语中心学习者的调查,mother(母亲)是英语中"最优美的单词"榜首。前 10 个单词中的其他 9 个分别是:passion(激情),smile(微笑),love(热爱),eternity(永恒),fantastic(奇妙),destiny(命运),freedom(自由),liberty(自由),tranquility(平静)。"最优美的英语单词"从一个侧面充分显示了它们对人文精神内涵传承和发展的重要作用。

中式英语作为一种变种英语被认为是促进英语全球化的重要力量,在全世界的影响力越来越显著。但有专家认为,汉语是表意文字,外来的意译词比音译词更能被汉语使用者领会和接受。而英语是表音文字,英语对外来语音不那么排斥,因此外来词语比较容易进入英语。中国特色的词语要渗透到英语中去,选择意译或是音译,还要看西方英语社会对它们是否熟悉、习惯和接受。其他变种英语的词语在进入主流英语前都需经过一个较长的"检验"过程,然后根据普及的程度决定是否被接受,不可能一蹴而就。

尽管现代科技、经济、政治和文化的发展为英语词语的变化提供了物质和精神的条件,但年轻一代在这方面发挥的作用是不能忽视的。最新研究表明,主要英语国家的青少年经常使用的"时髦词语",反映了他们对现代社会的认知,他们交友圈的扩大以及对时尚的敏感度。在英国,年轻人使用的时髦词语层出不穷,目不暇接,许多旧词或旧短语也被赋予了新的含义。在美国,随着时尚潮流的演变,由青少年创造的新

词语不断丰富英语词汇,对英语的发展正起着十分重要的作用。例如:

chicken head = an unattractive women

exogal = an extremely thin contemporary

muffin top = a bulge of flesh over low-cut jeans

prositot = a child dressed as a pop star

与新潮词语同时出现的还有用在电子邮件、网络博客和手机短信中的所谓"即时消息式语言"。当这种新兴词语被美国学生运用到英文写作中的时候,教育界人士就发出了反对的声音。英美青少年推动英语词语更新和进化功不可没,但是那些夹杂着俚语的时髦词语毕竟受到时空的限制或制约,有的只是在一定的时段里流行,时兴过后就会销声匿迹,有的只是在特定的校园或地区并在某些固定的人群中使用,不能广泛普及。

真正具有生命力的词语必定经受过时间的考验,并能让人们长期乐见和使用,这就让我们想起美国比尔·盖茨(Bill Gates)年轻时创造的 Microsoft 这个词。他创办了微软公司,用 microcomputer(微型电脑)和 software(软件)两个单词的词头为公司取名 Micro-soft,后来中间的"-"被去掉了,成为现在具有世界品牌含义的英语单词 Microsoft(微软公司,世界上最大的软件制造商)。这种具有经典意义的英语品牌词语还有不少。例如,Adidas(阿迪达斯,创始人 Adi Dassler 的姓名词头合并而成);Carrefour(家乐福,这家著名超市的前身是法国阿讷西市内一个位于十字路口的小店,carrefour 意为"十字路口");Coca-Cola(可口可乐,得名于主要原料中的古柯叶 coca leaves 和可乐果 kola);Google(谷歌,已成为世界最强品牌之一,源自 googol,即 10 的 100 次方或巨大的数目);Nike(耐克,驰名品牌,源自古希腊胜利女神奈基 Nike);Pepsi-Cola(百事可乐,因配方中含有可乐果成分,以及宣称能治疗消化不良 dyspepsia 而得名);Walmart 或 Wal-Mart(沃尔玛,世界零售业连锁集团之王,美国 2007 年财富 500 强企业首位,由创始人萨姆·沃尔顿 Sam Walton 姓氏中的 wal 与"市场"的英文 mart 组合而成)等。这些代表署名品牌或驰名商标的英语词语都已载入词典长期供人们使用。

第二节　词汇学的研究内容

一、词的分类

词汇是语言中的词和固定短语的总集合,是一个对立统一的体系。词所组成的每一个类聚都是词汇这个总集合的一个子集合。根据不同的研究角度和不同的划分标准,可以划分出若干性质不同的类聚。

（一）基本词汇和一般词汇

根据词在语言体系中的地位和作用来划分,可以把词汇分为基本词汇和一般词汇。

1. 基本词汇

基本词汇是词汇的基础,是语言中词汇的核心部分,它和语言中的语法构造一起构成语言的基础。基本词汇是由基本词构成的,基本词指语言中产生较早而又较稳定,使用频率高的词,它所标记的概念多是与我们人类生存和人类社会生活密切相关的事物、现象和行为。基本词汇有三个特点。

（1）全民常用性

基本词汇中的词都是日常生活中不可缺少的、常用的词,如"一、十、手、人、爸、东、大、好、走、打、吗、了"等。绝大多数基本词在交际中频繁出现,不分行业和社会阶层,不分地域,广泛地为各阶层各地区所使用。有些词对某一个地区或某一社会集团来说是常用的,如"来复线"等军事用语、"C 肽"等医学用语,由于它缺少全民性,所以不是基本词。

（2）历史稳固性

基本词生命长久,在长期历史发展过程中被使用着,变化很少,如"山、水、大、小"等。有些词具有全民常用的特点,虽然它们的历史还不长,如"宪法、报纸、电视、电话"等,但也会有历史稳固性,它们也是基本词。

（3）能产性

基本词多数可以作为词根构词，而且有很强的复合和派生能力。同根词多是以基本词的核心词根构成的，如"心"，可以构成"中心、开心、会心、唯心、心田、心脏"等同根词。有的基本词的构词能力差些，极少数的基本词，如代词，基本上没有构词能力。

2.一般词汇

词汇中基本词汇以外的就是一般词汇了。

一般词汇的特点正好与基本词汇相反。通常来讲，一种语言中，一般词的数量要多于基本词，一般词是人类生活不断发生变化的见证。

一种语言中的词汇大部分是相当稳定的，但也会在历史发展中发生变化，如"电"，在它刚被发明出来时不是基本词，但现在由于它已经进入了人们的日常生活，成为人们日常生活不可分割的一部分了，而且它的构词能力极强，如"电话、电灯、电视"等，因此"电"现已成为基本词了。

同样，有一些词曾经是基本词，由于人们不再频繁地使用了，如"官府、状元、骊"等，这些词就不再是基本词了，它们变为一般词。这说明，基本词和一般词的界线不是一成不变的。

（二）通用词和专用词

按语体属性，可以把词汇分为通用词和专用词。

通用词不受语体限制，能在各种语体中使用，这种词占词汇的大部分。而专用词是专用于不同语体的词，这种词的比重较小。专用词首先可分为口语词和书面语词。口语词一般来说，通俗、活泼、生动、形象，多用于叙事语体；书面语词比较文雅、庄重、严密、准确，多用于政论语体和学术语体。

专用词还有科技术语和行业语。术语是书面语中的特殊部分，它是用来表达某个科学部门、生产部门或文化部门所特有的概念的词和短语，如"语素、唯心史观"等。术语必须具有单义性、准确性和所表达的概念的严格分化。

术语也是词汇中的特殊部分，它和非术语有密切关系。术语有以下一些特点。

（1）有的术语直接用一般词语充当，如"品种"；有的是在基本词的基础上造成的,如"肥源"等。

（2）有许多术语,最初是属于专业部门的,后来变成了通用词语,如"本质"原是哲学术语,现在成为通用词;"洗礼"原是宗教用语,但现在已成为具有接受锻炼的通用意义了。

（3）同一个词可以充当不同部门的不同术语,各有自己确定的含义,如"运动"可以用在不同的部门(体育、哲学、物理等)。

（4）术语只表达概念而不包含感情色彩,非术语中有一部分表情词。行业语就是某种行业和职业的专门用语,如"贷款、利息、台词、导演、记者、稿费"等。

通用词和专用词不同,但这种划分不是绝对的。有的口语词也可以在书面语里使用,有的书面语词也可以在口语中使用。很多的术语和行业用语可以当作通用语来用,而很多的科学和行业领域也要使用通用语。

（三）表情词和非表情词

按是否带有感情色彩给词分类可分为表情词和非表情词。

非表情词只指称事物、表达概念,并不附带说话人对词所代表的事物的态度,如"听""桌子"等,这样的词只有理性意义,没有感情色彩。

表情词又分为不同的情况。有的表情词没有具体所指,不表达概念,只表达感情,如叹词。有的表情词在指称事物、表达概念时,还附带着表示对这种事物或现象的态度,有的词表达了人们对事物现象的赞许、肯定、褒扬的情感,含有褒义,称为褒义词;有的词表达了人们对事物现象的厌恶、否定、贬斥的情感,含有贬义,称为贬义词。褒义词和贬义词都是表情词,如"果断"是褒义词,"武断"是贬义词。有的词不表示爱憎褒贬,没有特定的感情色彩,可用在褒义场合,也可用于贬义场合,是一种中性词。带有爱憎感情的词也是表情词,如"老头儿"和"老头子"。

（四）新词、旧词和古今通用词

按历史属性,词可分为新词、旧词和古今通用词。

为了适应社会生活需要,在词汇体系中新出现的词都是新词,新词是利用原有的语素新创造出来的词。随着新事物、新观念的出现,标记这些新事物的词也就产生了,如"快餐店、美食城"、英语中的 AIDS 等。新词产生的途径很多,如新事物产生、人们观念的变化、词义的演变、短语的凝固和简缩、吸收外来词都可能产生新词。新造词与词派生出新义性质不同。例如,"红娘",本是《西厢记》中崔莺莺的侍女,用做媒人的代称,近年来常指帮助两个单位建立协作关系的媒介。这是旧词新义,不是新造词。

旧词是指在某一历史阶段曾存在过,后来逐渐消亡,只保存在文献中或偶尔被用于某种特定文体中的词。每一个历史阶段随着社会生活的变化,都会有一些旧词消亡。引起旧词消亡的原因是多方面的:所代表的旧事物消亡了,这些词也跟着消亡了;事物名称改变了,原来那些词只在成语里保留着;社会交际需求的改变以及语言中词汇的规范也会引起词的消亡。

古今通用词是一直被使用的那些词。古今通用词是指一种民族语言从古代、近代词汇中流传下来而为现代词汇所承接的词。简单地说,就是历史沿用的词。在一种语言的词汇中古今通用词应该占据大多数,古今通用词是一种语言词汇中的最核心的部分。

（五）全民词和非全民词

按通行地域或使用范围不同,词可以分为全民词和非全民词。

全民词是普通话或标准语的词,不受地域、行业和集团的限制,在全民中通行无阻,可以在不同的地区、不同的行业、不同的阶层、不同年龄、不同性别的人群中使用。比如,现代汉语普通话中的词汇是现代汉民族全体使用的词汇,不同地区、不同行业、不同阶层、不同年龄、不同性别的汉族人使用这些词交流,彼此可以明白地表情达意,没有障碍。

非全民词包括地域方言词和社会方言词。地域方言词是流行于个别地区的词,现代汉语有七大方言区,方言区下还有方言点,不同的方言中都有一些独有的方言词,如"俺"就是济南方言词,"瘪三"是吴方言词,"里手"是湘方言词。社会方言词是流行于不同社会行业和集团中的词语,社会方言有年龄变体、性别变体、行业变体、阶层变体等,如"处方"是医疗系统常用的词,"氧化"是化学学科中常用的词等。地域方言词是丰富普通话词汇的源泉之一,社会方言在一定程度上也有丰富普通话词汇的作用。

二、词的结构

（一）词素

词是语言中可以独立使用的音义结合的最小单位。但词并不是最小的意义单位[①]。例如，在 subclinical（症状不显著的）一词中，就可以有三个意义单位 sub-、clinic 和 -al，所分出来的三个部分都是词素。英语中的词素（morpheme）一词由希腊语的 morph 和法语中的 -eme 构成，morph 表示 form，-eme 表示 the smallest unit or the minimum distinctive feature of some；class of things，因此可以将词素定义为"词的组成中最小的有意义的单位"。

词是由词素构成的。英语中，有些词是由一个词素构成的，如 dog、germ、rhinoceros、panther、ostrich 等；有些英语单词由两个词素组成，如 professional、profitable、lovely、inexpensive、kindness、prisoner 等；还有些英语单词是由三个或三个以上的词素组成的，如 probability、unquestionable、thanksgiving、unfruitfulness、indisputability（无可争辩）、ungentle、manliness 等。

有些词素根据其在词中的特殊位置而产生不同的变体，称为词素变体（allomorph）。例如，前缀表否定意义的词素 in- 便有 im-、ir-、il- 等变体，具体形式则取决于附加前缀的词根的第一个音，如果是 [p，b，m] 则用 im-，如果是 [r] 则用 ir-，如果是 [1] 则用 il-，如 incredible、indefinite、indifferent、indispensable、innumerable；immortal、impatient、impossible、imbalance；illegal、illegible（难读的）；irrespective（不考虑的）、irregular、irrevocable（不能挽回的）、irreproachable（无可指责的）等。

（二）自由词素和粘着词素

词素通常可以分为自由词素和粘着词素。

自由词素指的是能够独立使用的词素，传统上称之为词，实际上它是词素与词的重合。例如，train、elephant、crocodile、finance、fatigue、opaque、orchard、pneumonia、plateau 等。

---

① 蓝纯.语言学概论 [M].北京：外语教学与研究出版社，2009.

粘着词素指的是不能独立使用的词素。例如，unnecessary 和 careful 中的 un- 和 -ful，它们虽然具有附加意义，但并不构成词的语义基础，且不能独立地进行使用。有时，粘着词素并没有附加词汇意义，而只是用来构成一个词的不同语法形式而已。例如，在 boxes, kindness, quickly, riding, talked, transportation, beautify 中的 -es, -ness, -ly, -ing, -ed, -ation, -ify 分别只表示这些词的不同语法形式，其中，-es 是名词复数的标记，-ness 是由形容词变为名词的标记，-ly 一般是副词的标记，-ing 是分词或动名词的标记，-ed 是过去式或过去分词的标记，-ation 是动词变为名词的标记，-ify 是名词变为动词的标记。

（三）词根和词缀

词素也可以分为词根（或称词根词素）和词缀（或称词缀词素）。

1. 词根

词根指的是英语单词中不可以改变的基本部分，它表达的是单词的最主要词汇意义。例如，在 modern, modernize, modernization 中，承载最主要的词汇意义且不可以改变的基本部分就是 modern，因此 modern 便是词根。

又如，在 beauty, beautify, beautification, beautiful, beautifully 中，beauty 是词根。因此，我们可以将词根理解为英语单词中去掉所有词缀后所剩下来的那一部分，如 antidisestablishmentarianism 在去掉词缀 anti-, dis-, -ment, -ari, -an 和 -ism 之后所剩下的 establish 便是词根了。

词根又分为自由词根和粘着词根。自由词根既可以独立以单词的形式出现，又可以与别的词素一起构成单词，如 care 既可以独立成词，又可以出现在诸如 careful, careless, carefree, care-laden（忧心忡忡）, care-taker, care-worn（受忧忠，折磨的）, carefully, carefulness, carelessly, carelessness 的词汇之中，属于自由词根。粘着词根与自由词根的相似之处在于它也是承载基本意义的组成部分，但与自由词根不同的是，它是一种粘着形式，因此必须与别的词素结合在一起才能构成单词。例如 dict- 是来源于拉丁语的一个词根，意思是"说、讲"，但在英语中它是粘着词根不能独立成词，但可以与其他的词素一起来构词，如加上前缀 contra-（反对）和 pre-（前），就可以组成动词 contradict（矛盾）和 predict（预言），加后缀，-ion 则构成名词 contradiction（反对）

和 prediction（预言）；加后缀 -or 则构成表人的名词 contradictor（反对者）和 predictor（预言者）。此外，还可以有 dictum（格言），dictate（指示），dictation（听写），dictator（独裁者），diction（用词），dictionary（词典）等。

2. 词缀

词缀指的是附加于一个单词上并改变其意义或功能的词素。几乎所有的词缀都是粘着词素，不能独立使用。根据功能的不同，词缀又可以分为屈折词缀和派生词缀。

屈折词缀指的是加在词尾用以表示某种语法关系的词缀。它们的加入只改变所加入词的语法关系而不改变其意义，也就是说不能构成有新的词汇意义的新词，也不改变所附词的词类。

派生词缀指的是那些附加在英语单词上之后可以"派生"（derive）出一个新词的词缀，如 re + type，super + star，de + code，sur + pass，passiv + ism，by + pass 等。许多的派生词有其特定的词汇意义。例如：

在 interchange（交换），interfuse（使混合，弥漫），interlace（交织，组合），interlude（间奏曲），intermingle（混合，掺杂），intermix（混合，混杂），interactional（国际的），interplay（相互作用），interpose（使介入），intersect（贯穿，相交），intersperse（散置，点缀），interweave（交织，混合）中，派生词缀 inter- 的词汇意义为 between。

在 communist（共产主义者），defeatist（失败主义者），dogmatist（独断者），florist（花匠），novelist（小说家），ornithologist（鸟类学家），sophist（诡辩家），specialist（专家），tourist（视光客），typist（打字员），violinist（小提琴家）中的派生词缀 -ist 的词汇意义是"……的人"。

值得指出的是，有一些派生词缀有不止一个意义。例如：

be- 在 becalm（使不动），befool（愚弄），befoul（污染），befriend（像朋友一样对待），beguile（欺骗），belittle（贬低），benumb（使麻木），betroth（许配）中的意义是 to make。在 becloud（蒙蔽），bedew（沾湿），befog（迷惑），bestar（布满星星）中的意义是 to cover with；在 become（成为），befall（降临），behold（看见），bemoan（悲悼），beset（包围），bespeak（预定）中的意是 upon。在 because（因为），bequeath（遗赠），beside（在旁）中的意义是 by。在 be drench（使湿透），befit（适当），

beloved（所爱的），bereave（夺去，使丧失），besiege（包围），bethink（思考）中的意义是 intensive（加强语气）。

派生词缀可以分为前缀和后缀。前缀附加于词的前面。例如：

anti ＋ septic 防腐的，防腐剂

auto ＋ infection 自身感染

hexa ＋ meter 六音步诗

un ＋ shackle 解除束缚

vice ＋ consul 副领事

后缀附加于词的后面。例如：

billion ＋ aire 亿万富翁

lamb ＋ kin 小羊

citizen ＋ ship 公民身份，公民权利或职责

notch ＋ y 有锯齿状的

moist ＋ en 使湿润

三、词义

词有词义，词义是词的内容方面。关于什么是词义，语言学界也一直说法不一。有的语言学家认为词义实际上就是表明该词联系的是何种对象。有的语言学家则认为词汇意义是客观事物或现象的某种反映，这种反映是通过概念来表现的。这两种说法都有道理，却不全面。

词所反映的客观事物经过概括而形成词义。根据言语交际的心理生理过程来分析，词义的产生可以大致简述如下：人们看到客观世界的某件事物（如 crocoodile），于是在头脑中产生一种反映。同样，人们听到表示这一事物的词（crocodile），在头脑中也产生反映。这两种反映联系起来并形成巩固的联系就形成这个词（crocodile）的词义。反过来也如此，当人们听到或读到这个词，并在头脑中形成对这个词的反映时，必然又联想到这个词所表示的客观事物。人脑把对词的反映同对客观事物的反映联系起来的过程中有概念参加，因为概念本身就是在词的基础上形成和发展的。概念一经与词义联系起来便对词义有决定性的影响。概念是反映客观世界的思维形式之一。概念把同类事物共有的本质特征概括起来以区别于其他事物。概念在概括过程中把同类范围内个别事物的特有特征排除在外。正因为如此，受概念作用的词义所反

映的不只是个别事物,而是一大批同类事物,它所反映的不是个别事物特有的特征,而是同类事物的共有的本质特征。而词义既反映客观世界的事物,又表示认识这类客观事物的概念。

词义除了以日常概念作为它的基础之外,还包含思维意识的内容如感情、意志、美感等。英语中不少词除了表达一定的概念之外,还含有褒贬的色彩。例如,nobility(高尚)和 hero(英雄)便带有褒的色彩,而 fascist(法西斯)和 debauchee(色鬼)则带有贬的色彩。英语中还有一些词不表示概念,只是表示感情和意志等,而所表示的感情、意志也就是这些词的词义。例如,oh(啊)表示惊奇,pah(呸)表示鄙视,hurah(噢)表示欢呼,alas(唉)表示悲哀,hello(喂)表示招呼,sh(嘘)表示要求不作声。

四、词汇与文化

语言的三大要素是语音、语法、词汇。词汇是语言的基本要素,是语言大系统赖以存在的支柱,语言中受文化影响最大的是词汇。因此,文化差异在词汇层次上体现得最为突出,涉及的面最为广泛。词汇是反映社会现实约定俗成的符号系统,研究词汇固然不能脱离语境,词语只在其作用的文化背景中才有意义。文化为什么会影响词汇?文化如何影响词汇?这些都是语言学家们长期以来都试图解答的问题。近年来兴起的民族语义学(Ethnosemantics)就是通过研究一种语言的词汇去了解生活在该语言文化中的人看待周围事物的方式。例如,英语中有 north,south,east,west 四个方位的概念,并分别用四个概念来表示方向,但在美国加利福尼亚西北部的印第安人却使用完全不同的概念词来表示方向:upriver(上河),downriver(下河),toward the river(向河),away from the river(离河),而且这四个方向与英语中的北、南、东、西并不对应。

由于英美的政治制度、经济发展水平、历史传统、地理环境等方面与其他国家有差异,因此英美国家的文化中存在着仅为英美国家所特有的文化现象。例如,英国是一个君主国家,贵族中以爵位划分等级,如公爵(duke)、侯爵(marquis)、伯爵(earl)、子爵(viscount)、男爵(baron)等。它反映英国贵族的爵位文化是英国特有的文化现象。又如,西方人信仰基督教崇尚 God,于是便有了 "Man proposes,God disposes.(谋事在人,成事在天）", "God help those who help themselves.（人必自助而后上帝助之）", "Thank God.（谢天谢地）" 这些习语。

第三节 词汇学理论在英语教学中的应用策略

一、词源分析法

这一方法主要适用于英语词汇中的一些典故词汇。在英语词汇中，有很多词汇是从典故中来的，因此其文化内涵非常丰富，很难从字面上去理解与把握，必须借助词源展开分析。无论对于中国人还是西方人来讲，在口语或者书面语中都会运用一些典故、传说等，因此对于这类词汇的教学是非常重要的。例如，man Friday 这一词就是源自《鲁滨孙漂流记》，其含义并不是"男人星期五"，而是"得力的助手"；an Uncle Tom 这一词汇源自《汤姆叔叔》，其含义并不是"一名汤姆叔叔"，而是指逆来顺受，宁愿承受侮辱，也不反抗的人。

二、考虑文化分析词汇

在文化语言学指导下，在词汇教学中，教师可以采用教授法开展文化教学，即教师直接向学生展示文化承载词的分类及内涵等，同时通过图像声音结合的方式列举生动的例子加以说明，直观地培养学生对文化的兴趣。只有熟悉了英语文化，才能让学生透彻地了解英语词汇。学习语言时不能只单纯地学习语音、词汇和语法，还要接触和探索这种语言背后的文化，在语言和文化的双重作用下，才能真正掌握英语这门语言。采用直接讲授法讲授文化，既省事又有效率，而且这些文化不受时空的限制，方便学生查找和自学。

例如，"山羊"/goat，在汉语环境中，"山羊"一般扮演的是老实巴交的角色，由"替罪羊"这一词就可以了解到；在英语环境中，goat 则表示"好色之徒""色鬼"。这类词语还有很多，如 landlord（褒义）/"地主"（贬义）、capitalism（褒义）/"资本主义"（贬义）、poor peasant（贬义）/"贫农"（褒义）等，这些词语代表了人们不同的态度。在词汇学习过程中,要深入了解和尊重中西方文化,这样才能更好地将词汇运用于交际。

再如,根据当下流行的垃圾分类,教师可以让学生翻译这四类垃圾:干垃圾、湿垃圾、有害垃圾和可回收垃圾。大部分学生都会将"垃圾"一词翻译为 garbage,实际上正确的翻译应是 waste。由这两个词就可以看出中西方文化差异。在英语中,garbage 主要指事物或者纸张,waste 主要是指人不再需要的物质,可以看出 waste 的范围更广,其意思是"废物"。当翻译"干垃圾"和"湿垃圾"时,学生又会翻译得五花八门,实际上"干垃圾"是 residual waste,"湿垃圾"是 household food waste。所以,学生有必要深入了解中西方文化的异同,这样才能学好词汇,才会形成英语思维,进而形成跨文化交际能力。

三、根据语境来分析词汇

语言只有在语境中才能焕发生机与活力,单独去看某个词汇很难在其中发现个中韵味,但是一经组合和运用,语言便有了生命力。因此,教师应创设信息丰富的环境,为学生提供真实的语言环境和大量的语言输入,使学生在逼真的语境中学习英语,给学生提供学习和运用词汇的机会。教师可以设计一些活动,如组织学生观看电影,然后指导学生进行角色扮演,让学生经历真实的跨文化交际情景,培养学生的跨文化交际能力。

除组织跨文化交际活动外,教师还可以组织一些课外活动,让学生切实感受英语文化,扩大学生的词汇文化资源,培养学生的跨文化交际能力。例如,《疯狂动物城》这部动画片深受学生的喜爱,但大部分学生并没有注意这部影片的名字 Zootopia,也没有对其进行探究,觉得这是电影中虚构的一个地方。如果学生知道乌托邦的英文是 Utopia,可能会理解这个复合词 Zootopia 是由 zoo(动物)和 Utopia(乌托邦)结合而来。实际上,很多学生连汉语文化中的"乌托邦"都不了解,更不用说英语文化了。其实,"乌托邦"就是理想国,Zootopia 就是动物理想国,动物之间没有相互杀戮的地方。如果学生在观看电影前能对其中的文化进行探索,或者教师稍微引导,那么观影的效果就会更好,而且在欣赏影片的同时能掌握文化知识。

四、词根词缀分析法

想要让学习者在短暂的大学学习过程中掌握庞大的词汇量,光靠学习者的死记硬背是远远不够的。词根词缀的讲解能够帮助学习者了解词汇构成的特点,分析词汇的构成,扩展词汇知识的深度和广度,从而顺利猜测出词汇的意思。英语词缀分为前缀和后缀两种类型,在词根前加上前缀可以表达复杂的语义关系。例如,在《现代大学英语精读1》第二课 *The Boy and Bank Officer* 一课中出现了前缀 over-(overlit),教师在授课的过程中适当讲解其的两层含义:(1)above, outside, across;(2)to excess, too much。那么对于 overhead 一词,学习者则可根据第一个意思顺利猜测出该词的意思为"在头顶上方";overcharge 一词可以根据该前缀的第二个意思理解 over(过多)+ charge(收费),直译为"对……索价过高"。后缀可以改变单词的语态、性别或词性等特征。例如,在同一课中出现的后缀 -ish(fortyish),加上后缀后单词的词性发生了明显的变化:reddish(微红的)一词由名词 red(红色)+ -ish 构成,加上后缀后单词变成形容词;foolish(愚蠢的)一词也是由名词 fool(傻瓜)+ -ish 构成的形容词。英语中的词根词缀包含有独特的意义,对于词根词缀的分析可以发挥学生的联想能力和推理能力,增加学习的趣味性。同时,教师应该培养学生的词根词缀学习意识,培养其独立自主学习词根词缀知识的习惯与能力,鼓励其利用词根词缀进行英语材料的自主学习。

第三章
句法学理论指导下的英语教学策略

句法主要涉及短语、句子等句法单位的构成与变化规则。了解英语句法理论体系的相关知识是进行英语句法教学的前提。本章主要介绍英语句法体系的构成内容，包括句法、句法学、句法学的研究内容，在此基础上分析句法学理论指导下的英语教学策略。

第一节　句法与句法学

一、什么是句法

句法是关于语句的结构规则，即词在语句层面的构建。词的形态和句法结构都是以词为核心的，但是前者研究的是词的内部构成，而后者研究的则是词的外部或词与词之间的组合及相互关系。从理论上来看，这样的区分是非常清晰的。但是，在实际的研究过程中，我们却观察到这样一个事实，即在词的内部和外部之间缺乏必要的界定。也就是说，在词的形态和句法结构之间难以确定分水岭。同一个语义概念，在一种语言里是单一的、不可再分的独立运用的最小单位，而在另一种语言里，它可以是两个，甚至三个可切分的独立意义单位。在一些语言中，词形成语句层面的结合，而在另一些语言中的对应语义概念却仅仅是词的内部构成问题。

任何语言,具体的句子都是无限的,而句法的规则却是有限的。例如:

(1)我看书。

他们打篮球。

(2)I am reading a book.

They are playing basketball.

以上两组句子,尽管汉语英语的表达形式不尽相同,但都可以从中抽象出"主语—谓语—宾语"的句子结构模式。句法的高度抽象性使得句法同时又具有了极大的稳定性。句法的稳定性是指句法在语言的长期发展中变化很小,处于一种稳定的状态。从古代到现代,语言系统中的语音和词汇发生了相当大的变化,而句法则显示出它的极大的稳定性。从"女娲补天""夸父逐日""刑天与帝争神""共工怒触不周山""季氏将伐颛臾"等句子中,可以看到古汉语到现代汉语的演变中,尽管词义发生了一定的变化,但"主语—谓语—宾语"的句子结构模式几乎没有变化。

二、什么是句法学

通常情况下,人们认为句法学是一门研究句法规则的学科。王希杰认为,句法学是以语言符号之间的结构规律为研究对象的一门独立的语言学科。从这点来看,句法和句法学之间存在着本质的区别。句法是语言符号间的客观规律,它是客观存在的,不以人的意志为转移。但是,句法学则是主观的,句法学往往带有人为的创造性,甚至存在着多种多样的句法学。

众所周知,语句是按照一定的规则构建起来的。语句的结构有三个必要条件。

第一,语句中的词语是线性排列的。

第二,词语是有句法范畴分类的。

第三,词语组合参与构成语句的结构成分。

当下对句法的解释有两种途径,一个是借助标记括号,另一个则是由乔姆斯基及其同事推出的树形图。这两种途径通过理论界定,展示句法规律。

括号标记首先指认词语类别,划分结构单位。常见的符号有如下几种。

S（Sentence，语句）

NP（Noun Phrase，名词短语）

N（Noun，名词）

VP（Verb Phrase，动词短语）

V（Verb，动词）

Infl（Inflection Phrase，屈折形式，包括助动词、情态动词等）

PP（Prepositional Phrase，介词短语）

Spec（Specifiers，限定语，包括限定名词的 Det-Determiner，冠词；限定动词的 Qual-Quanlifier，修饰词；限定形容词的 Deg-Degree word，程度词）

Compl（Complement，补足语）

AP（Adjective Phrase，形容词短语）

我们不妨尝试解释英语的句法结构。

Clinton　　　spoke　　　about　　　the　　　history.
（克林顿）（谈论—过去时）　（关于）　（限定词）　（历史）

克林顿谈论历史。

这句话的括号标记过程如下：

a. $[_S[_{NP}[_N Clinton]][_{VP}[_V spoke][_{PP}[_P about][_{NP}[_D the][_N history]]]]]$

b. $[_{NP}[_N Clinton]];[_{VP}[_V spoke][_{PP}[_P about][_{NP}[_D the][_N history]]]]$

c. $[_N Clinton];[_V spoke][_{PP}[_P about][_{NP}[_D the][_N history]]]$

d. $[_V spoke];[_{PP}[_P about][_{NP}[_D the][_N history]]]$

e. $[_P about][_{NP}[_D the][_N history]]$

f. $[_P about];[_{NP}[_D the][_N history]]$

g. $[_D the];[_N history]$

通过这些步骤，可以获得如下表现形式：

$[_S[_{NP}[_N Clinton]][_{VP}[_V spoke][_{PP}[_P about][_{NP}[_D the][_N history]]]]]$

同样的语句也可以采用树形图来表现，图 3-1 是该句的树形图解释。

```
                    ┌─────────┐
                    │    S    │
                    └─────────┘
           ┌──────────┐     ┌──────────┐
           │    NP    │     │    VP    │
           └──────────┘     └──────────┘
           ┌────┐      ┌────┐      ┌────┐
           │ N  │      │ V  │      │ PP │
           └────┘      └────┘      └────┘
                          ┌────┐      ┌────┐
                          │ PP │      │ NP │
                          └────┘      └────┘
                                   ┌────┐   ┌────┐
                                   │ D  │   │ N  │
                                   └────┘   └────┘
     Clinton    spoke     about      the     history
```

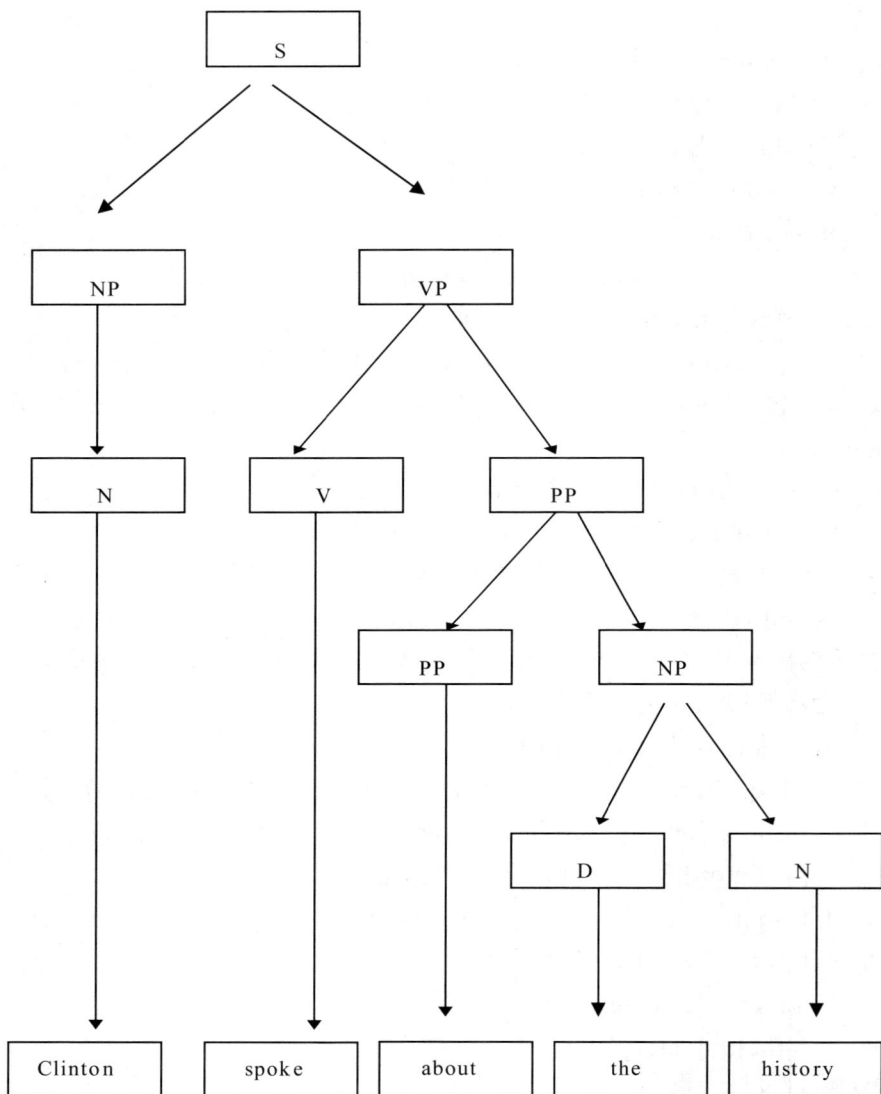

图 3-1 "Clinton spoke about the history." 的树形图

括号标记的表现方式已经逐步被树形图取代,因为后者在视觉上更为清晰,尤其是在表现复杂语句结构的时候,树形图更具有简明、清晰的优势。可以从以下例句的解释方式看到这一点。但需要说明的是,括号标记与树形图两者在功能上并没有本质的区别。

The   man   in   the   garden
（限定词）（人）   （在……里）（限定词）（花园）
will   water   the   flowers.
（将要） （浇水） （限定词） （花）
花园里的那个人将要浇花。

同样的语句也可以采用树形图来表现，图 3-2 是该句的树形图解释。

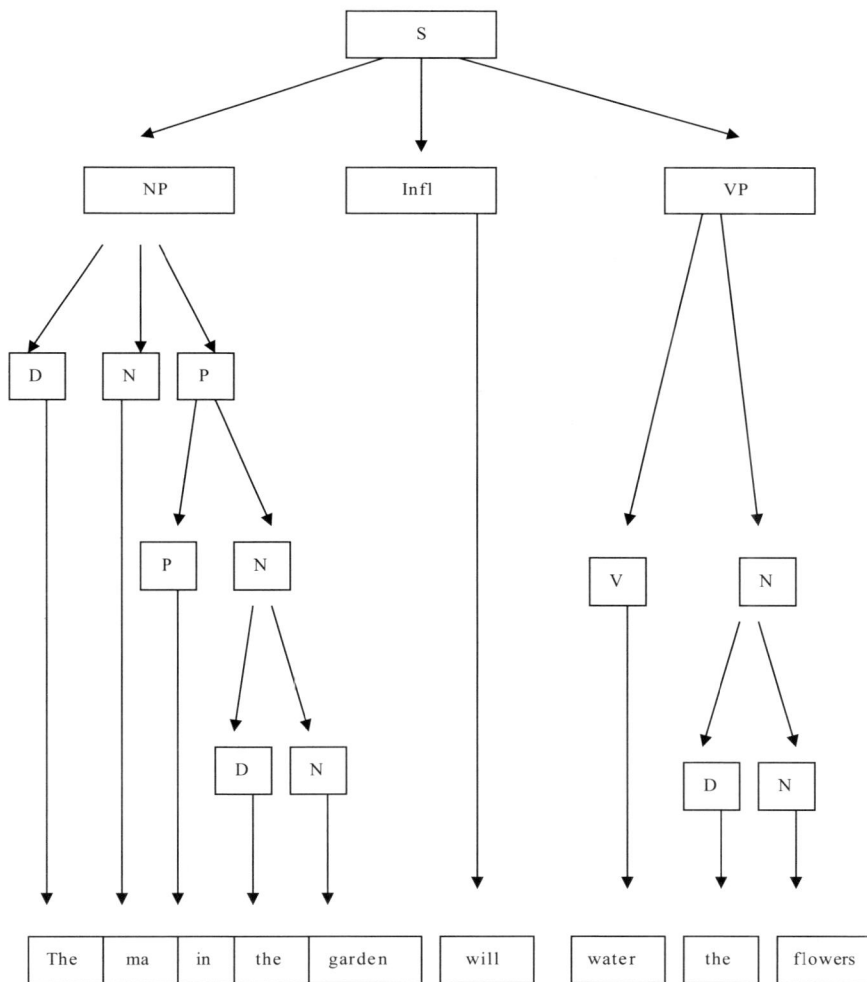

图 3-2　"The man in the garden will water the flowers." 的树形图

首先,在 the man in the garden 这个主语短语中,名词 man 是核心词,它与定冠词 the 构成名词短语。另一个名词短语则是由冠词 the 和名词 garden 组合构成的,但是这个名词短语和介词 in 同属于介词短语之下的成分,也就是说,介词 in 和这个名词短语 the garden 构成了一个介词短语,这个介词短语恰恰是一个相对独立的成分。名词短语 the man 和介词短语 in the garden 则属于一个共同的名词短语,也就是说,名词短语 the man 和介词短语 in the garden 形成一个相对独立成分,这个名词短语成分在语句的下位。

在谓语部分中,动词 water 和名词短语 the flowers 构成动词短语,形成一个相对独立的成分,这个动词短语是语句的下位。

从图 3-2 可以看到,名词短语、助动词和动词短语在语句的直接下位,这三个相对独立成分参与构成一个独立的语言单位,即语句。

树形图可以非常清晰地标明词语之间以及短语之间的关系。这正是转换生成句法理论的基本方法,这一基本方法的基础是短语结构句法规则,这种规则通常写为线性公式。例如:

规则 1:S(语句)→ NP(名词短语)—Aux(助动词)—VP(动词短语)

规则 2:NP(名词短语)→ D(限定词)—N(名词)

规则 3:VP(动词短语)→ V(动词)—PP(介词短语)

规则 4:S(语句),NP(名词短语),VP(动词短语),PP(介词短语)等都是树形图中的结点,由树形图中的分支连接。

规则 5:词语是终结点,结构范畴标志则是非终结点。

任何一种语言的结构都可以采用这样的短语结构句法规则来分析句法成分之间的相互依赖关系。每一条规则都是一个基本的公式。比如,我们可以这样来理解公式规则:语句是由名词短语、助动词和动词短语这三个成分的序列构成的,或者说,语句可以扩展为名词短语、助动词和动词短语这三个成分的序列,这三个成分是语句结点之下的直接成分。可以用树形图来表示以上的三个短语结构句法规则。

图 3-3、图 3-4、图 3-5 分别是规则 1、规则 2、规则 3 的树形图解释。

将这三个短语结构句法规则加以综合,我们便可以得到图 3-6。

这里,有一个问题需要引起我们的注意:在短语结构句法规则中,有些成分是必要的,而有些成分则是选择性的。选择性的成分,我们通常用括号标注。比如:

规则 6：S → NP—（Infl）—VP

规则 7：NP →（Det）—N

规则 8：VP → V—（NP）

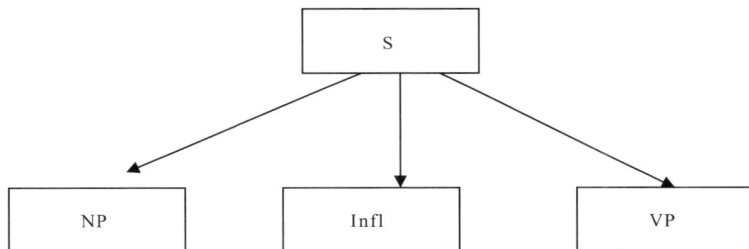

图 3-3　规则 1 的树形图解释

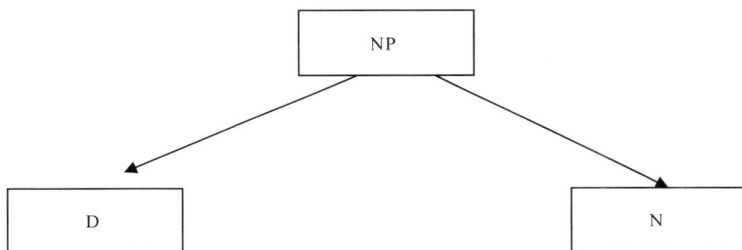

图 3-4　规则 2 的树形图解释

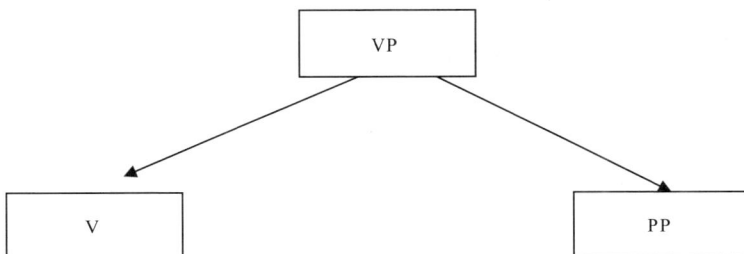

图 3-5　规则 3 的树形图解释

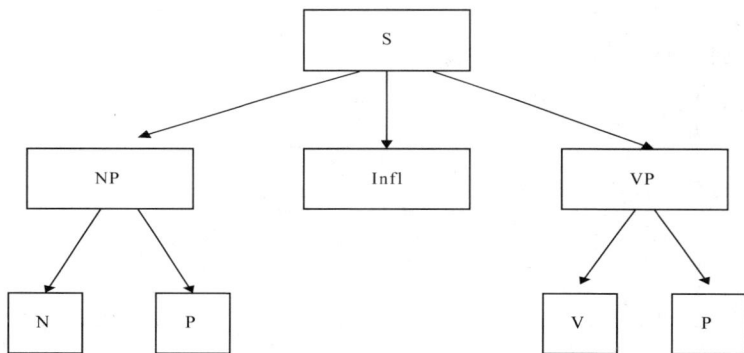

图 3-6　规则 1、2、3 的综合表现

事实上,当我们将世界语言作为观察和分析的对象时,或者说,当我们把短语结构句法规则看作是解释世界语言的通则的时候,便需要考虑提供更多的规则。比如:

规则 9:NP →(D）—N—（PP）

规则 10:PP →（Deg）—P—NP

规则 11:AP →（Deg）—A—PP

规则 12:VP →（Qual）—V—（NP）

规则 13:NP → NP—（S）

规则 14:NP →（Det）—（A）—NP

规则 15:VP → VP—（S）

我们不妨以规则 9 到规则 12 为例,尝试用树形图来对其进行解释,分别表示为图 3-7 到图 3-10。

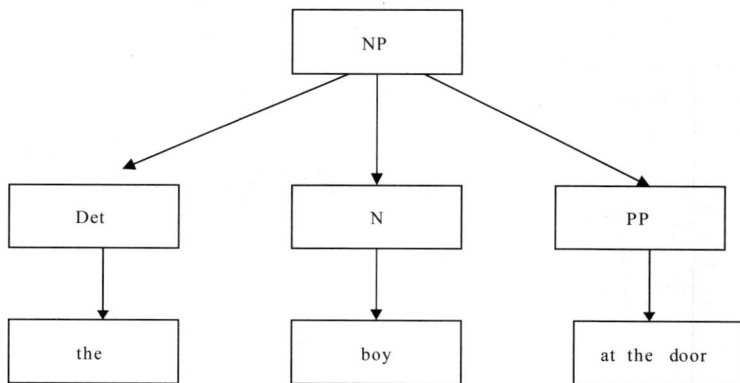

图 3-7　规则 9 的树形图解释

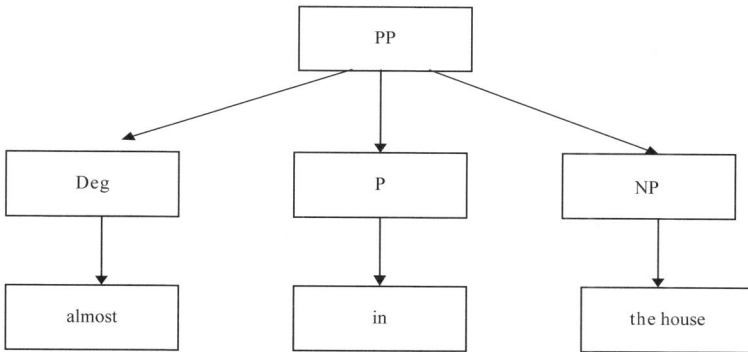

图 3-8　规则 10 的树形图解释

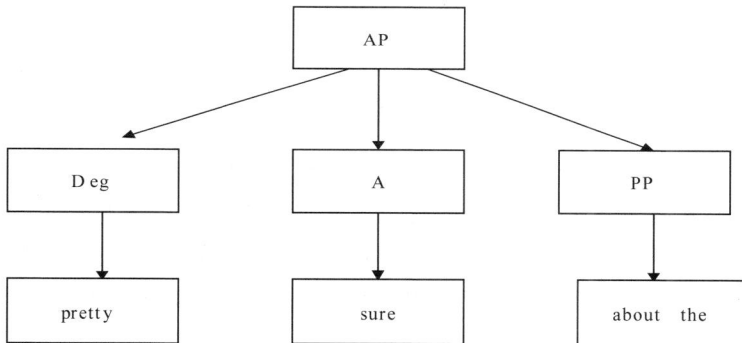

图 3-9　规则 11 的树形图解释

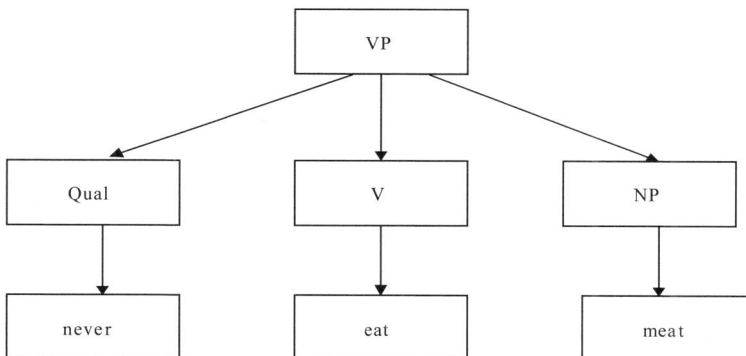

图 3-10　规则 12 的树形图解释

从包括名词短语、形容词短语、介词短语、动词短语等各类基本结构规则中，我们可以看到它们的共性特征，即限定成分（包括冠词、程度词和修饰词等）在左侧，补足成分（包括名词短语、介词短语等）在右侧，而中心词（包括名词、动词、介词、形容词等）则在中间。由此可以推演出更具抽象意义和解释力的树形图。X 表示中心词，XP 表示中心词短语。图 3-11 是中心词抽象树形图解释。

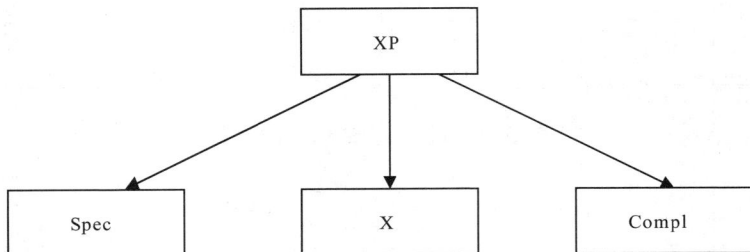

图 3-11　中心词抽象树形图解释

这个规则在当下的语言学界广泛运用。当然，这样的基本结构规则主要用于解释英语的句法。乔姆斯基认为，英语是一种人类的语言，它必然具有所有人类语言的共性。结构规则如果能够解释英语，就必然能够解释其他种类的语言。可是，当我们把视野扩大到遍及世界的各种语言时，就会发现我们必须对现有的短语结构的句法规则进行相当程度的扩展或修正。

第二节　句法学的研究内容

一、句法关系

句子可以呈现为词的序列，而语法关心的是句子的结构分析和规则模式分析。如果把词作为基本的语法单位，我们就可以说语法的核心是处理语言的句子中词与词之间固化了的相互关系以及如何系统地分析和描述它们之间的关系。这就是句法学的传统研究领域，我们甚至有理由称此种意义上的句法是语法中最重要的部分。每种语言中的词形变体数量各异。拉丁语、古希腊语和梵语拥有大量的词形变化,阿拉伯语和许多美洲印第安语也是如此。英语中则少得多,像汉语和其他一些东南亚语言则很少或几乎没有词形变体。遗憾的是,人们普遍把语法混同于形态学,这就导致我们至今仍时有耳闻的谬论"英语语法比拉丁语少","汉语没有语法"。如果一种语言没有语法,句子中的词语没有系统的顺序,那么本族人和外国人都不可能学会它,操这种语言的两个人也不可能相互了解。实际上,没有语法的语言在术语上就是矛盾的。

比较不同类型的语言就会发现:形态学和句法学在支配句子形式和类型方面所具有的相对的重要性因语言而异,形态学的词形变体的作用可以非常有限甚至不起任何作用,但是句法分类和句子中的词序却是每种语言语法中的基本内容。

英语句子中可以有 the men eat 之类型,但没有 men the eat,这一事实揭示了句法的一个重要基础,那就是词语即使在搭配恰当的时候也不能按任意顺序排列。除了语法的可接受性和可理解性,句子的整体意义也可能在某种程度上只依赖词序。

句法关系基本上是一些很简单的关系,可以分为三类:位置(positional)关系、同现(co-occurrence)关系以及可替换(substitutability)关系。

（一）位置关系

位置关系如句子的词序一样呈显性,可以观察到另外两种关系则呈隐性,单凭观察句子不能揭示它们,而是要通过互相比较一系列的句子序列。例如:

词汇:old, wolf, killed, man, the, an/a 的可能组成如下几种句子。

A wolf killed an old man.

The old man killed a wolf.

An old wolf killed the man.

但是,如果组合成下面这两句,就是逻辑不通的。

A the old man wolf killed.

Old killed man wolf the a.

显然,上面两句话仅仅是把词进行了堆砌,并未按照正确的语序进行排列,因此是不合逻辑的句子。

（二）同现关系

人们所说的同现关系，是指不同词类的词允许或要求另一词类的词出现，以构成句子或句子的特定成分。因此，英语中 man, horse 等一类的词在短句中可以后接 eat, live 一类的词，而且经常是如此后接的，尽管说所有合格的句子一定都是这种类型的是荒谬的。答问句常常可以是其他类型的，许多语言中相当多的独词句就是答问句中。man, horse 等一类词前可以是 good, strong 等一类词，也可有 the 和 a。但是 the 和 a 如果要置于 eat，breathe，live 类的词语前，就要求一个 man 类或 good 类的词语共现。我们在这里立刻就可以看到成分的位置序列起了作用；the 的出现既以 good 等或 horse 等为前提（the good are honoured, the horse eats），又必须出现在固定的相关位置上。如果要全部置于 eats, works 等前面构成一个完整的句子或作为完整句的第一部分，那么 the strong horse 就是三个词唯一允许的词序。下面请看图 3-12。

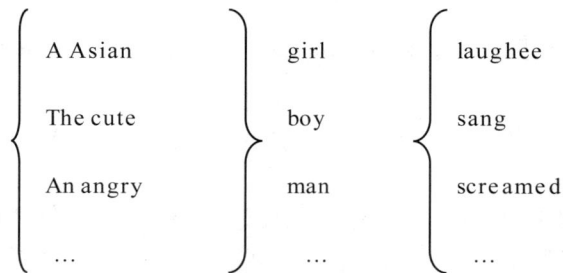

A Asian	girl	laughee
The cute	boy	sang
An angry	man	screamed
...	...	...

图 3-12　同现关系示例图

（资料来源：牟杨，2009）

图 4-12 中前面的修饰词语与后面的动词短语之间属于一种同现关系。

（三）可替换关系

相同的句子结构在语法上有可以相互替换的词类或词的集合；但除此之外，多于一个词的词组无论它在句子中相邻还是分开，都可以作为整体在语法上被替换为一个特定词集中的一个词。在英语 man lives, man wants little 等句子中，词组 the man 可以替换 man，但不能替换 the；strong man 可以替换 the man drank it all 等中的 man。在 yesterday he came 中，came 可用以替换 yesterday... came，但 yesterday 则不能如此替换（he came 是句子，但 yesterday，he 不是）。下面请看图 3-13 与图 3-14。

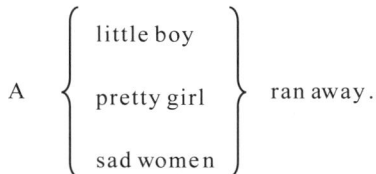

$$
A \begin{cases} \text{little boy} \\ \text{pretty girl} \\ \text{sad women} \end{cases} \text{ran away.}
$$

图 3-13　纵聚合关系示例图一

（资料来源：牟杨，2009）

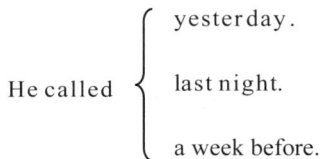

$$
\text{He called} \begin{cases} \text{yesterday.} \\ \text{last night.} \\ \text{a week before.} \end{cases}
$$

图 3-14　纵聚合关系示例图二

（资料来源：牟杨，2009）

二、句法结构

（一）句法结构的内涵

句法结构是指句法单位与句法单位之间相互联系、相互作用的方式。相同的句法单位按不同的方式联系起来，所形成的语言片段的意义就会不同。例如，"高个子"和"个子高"的意义不一样，就是因为前者"高"和"个子"以修饰和被修饰的方式相互联系的，后者却是以话题和陈述的方式相互联系的。句法结构就是这种方式本身，因而它只是一种抽象的关系式而已。

一个句法结构通常被称为一个结构体。结构体包括若干结构成分（又称结构项）和成分间的结构关系，如主谓结构由主语和谓语两个结构成分组成，成分之间的关系是主谓关系。任何结构体都有结构性和功能性的特点，结构性指结构体一定由若干结构成分组成；功能性指结构体也可以作为结构成分再与其他结构成分组成更大的结构体。"个子高"的结构性表现为它由两个结构成分"高"和"个子"组成,功能性表现为它还能作为结构成分与"喜欢"组成更大的结构体"喜欢高个子"。

（二）句法结构的分类

基本的句法结构类型有如下几种。

1. 主谓结构

它有主语和谓语两个结构成分,结构成分之间有话题与陈述的关系,所以又叫陈述结构。例如:

He slept.

他睡了。

2. 述宾结构

这种结构有述语和宾语两个结构成分,成分之间有支配和被支配的关系,所以又称支配结构。例如:

To repair the car.

修理汽车。

一个述语有时还可以带两个宾语,这样一个述宾结构就有三个结构成分了。例如:

Gave me some pictures.

给我一些照片。

3. 偏正结构

它有偏与正两个结构成分。正的部分叫中心语,当中心语由名词充当时,偏的部分叫定语。例如:

red flag 红旗

当中心语由动词、形容词充当时,正的部分叫中心语,偏的部分叫状语。例如:

come again 再来

4. 述补结构

述补结构由述语、补语两个结构成分。成分之间有补充说明和被补

充说明的关系,补语出现在述语的后边,带有补充修饰的意味。例如:

They painted the house a hideous shade of green.

他们把房子漆成了可怕的绿色。

5. 联合结构

联合结构有两个或两个以上的结构成分,成分之间有并列在一起的关系,所以又叫并列结构。联合结构无论有多少个结构成分,整个结构的语法功能等同于其中一个成分的功能。例如:

boys and girls 男孩和女孩

(三)句法结构的案例解析

句法规则决定句子的语序是否正确。我们知道英语的冠词如 the 或 a 位于名词如 animal(动物)之前,而句子则不只是将单词像串珠珠似的前后相连而已。例如,synthetic buffalo hides 所示,句子中的词可以分为两个或更多的词组,每一词组内部又可以进一步分为小词组等,直到只剩下单个的词为止。例如:

The child found the puppy.

孩子找到了小狗。

这个句子由两个主要的词组构成,或称组成成分:

The child　　　found the puppy

(孩子)　　　　(找到了小狗)

与句子的"主语"和"谓语"相对应。这些词组可以进一步切分直到原句成分像下面图 3-15 所示的那样。

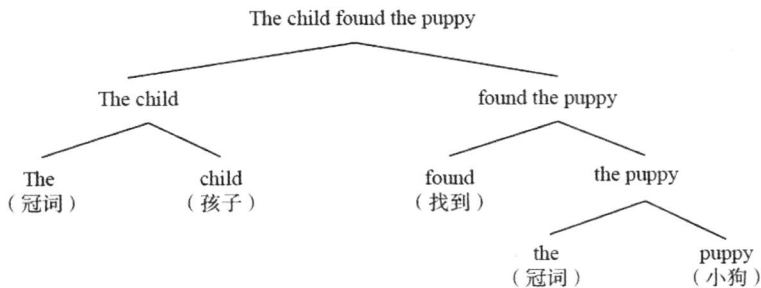

图 3-15　"The child found the puppy."的结构树[1]

---

[1]　维多利亚·弗罗姆金,罗伯特·罗德曼.语言导论[M].沈家煊,周晓康,朱晓农,等译.北京:北京语言学院出版社,1994.

这样的图解叫作成分结构树,这是一棵倒长的"树","根"在上,"叶"在下,在树的"分枝"处的每一节点上,有一组词形成句子的一个部分或称结构成分;树的底部是单个的词或语素。除了揭示线性次序,成分结构树还具有层次结构。这一术语的意思是,组成结构成分的词组或小词组由它们在树上所出现的层次来表示。

这一图解表明 found the puppy 这一短语自然地分为 found 和 the puppy 两个部分。不同的切分,如 found the 和 puppy 则构成"不自然"的词组,因而就不是组成成分。请注意,对于"What did you find ?"(你找到了什么?)的回答可以是 the puppy,但没有一种潜在问句的回答可以是 found the。这一测试表明 the puppy 是一个结构成分,而 found the 则不是。

Synthetic buffalo hides 这一短语具有两种可能的成分结构树,每一株树表示一种可能的意义,因此成分结构能清楚地解释为什么该短语是歧义的,如图 3-16 所示。

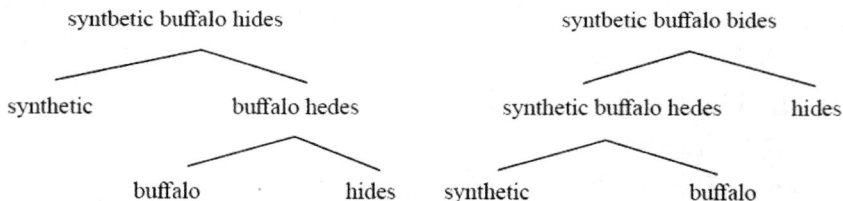

图 3-16 Synthetic buffalo hides 的两种结构树

所有语言中的句子都可以用成分结构树来表达,所有语言都有句法规则决定词的线性次序及其层次结构,即词如何组合成结构成分。

句子的成分结构还揭示哪些成分可以互相替换,而不改变句子的合语法性,如组成成分 the child 和 the puppy 在图 3-15 中可以互相替换,如图 3-17 所示。

可以互相替换而不改变合语法性的组成成分属于同一句法范畴,the child 和 the puppy 同属于名词词组(NP)这一句法范畴。名词短语很容易辨认,因为它们能在句子中作"主语"或"宾语",也只有名词短语可以作主语和宾语,名词短语一般包括一个名词或代词。句法知识的一部分就是知道语言中的句法范畴,知道什么是名词短语,即便以前从未听说过这一术语。

The puppy found the child

hte puppy　　　　　　　　found the child

the　　　　puppy　　　found　　　the child

the　　　　child

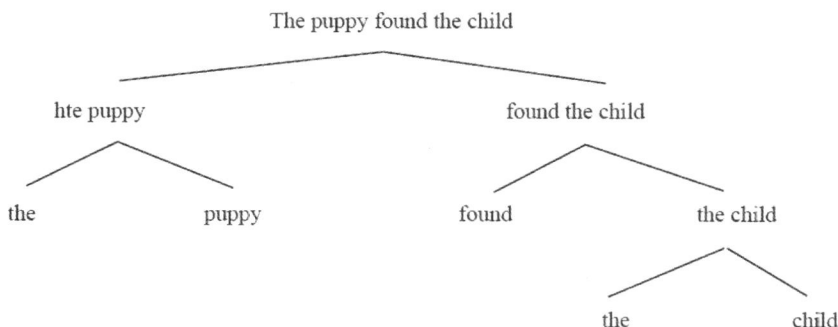

图 3-17　"The puppy found the child." 的结构树

用 "Who found（谁找到了）____？" 和 "____ was lost（丢失了）。" 这样的格式将名词短语插入空位,就能辨别下面的表达式中哪些是名词短语了,你 "觉得对" 的那些成分就是名词短语。

（1）a bird 一只鸟

（2）the red banjo 红的班卓琴

（3）have a nice day 过得愉快

（4）with a balloon 带一个气球

（5）the woman who was laughing 在笑的女人

（6）it 它

（7）John 约翰

（8）run 跑

可以把（1）（2）（5）（6）（7）看作名词短语。

还有些其他的句法范畴。found the puppy 这一短语是动词短语（VP）,动词短语总是包含一个动词,后面可以跟随其他成分,如名词短语。一种句法范畴可能包含其他句法范畴。可以用 "The child ____." 这一框架来确定下面这些句子中哪些是动词短语。

（1）saw a duck 看见一只鸭子

（2）a bird 一只鸟

（3）slept 睡觉了

（4）smart 伶俐的

（5）is smart 是伶俐的

（6）found the cake 找到了那块饼

（7）found the cake in the cupboard 在碗柜里找到了那块饼

（1）（3）（5）（6）和（7）是动词短语。

三、句法成分

（一）直接成分

在构成语法材料的句子中的词语之间的基本关系中,词组的可替换性是理解和分析语言中较长句子的基础。虽然我们常常在技术上使用"语符列"（string）来指称词语序列,但句子不只是一连串按可接受的次序排列的"有意义"的词。它们由连续的成分构成,这些成分包括邻接的和不邻接的词组和单个的词。这些词组和单个的词叫作"构成成分"（constituents）,当它们被当作是句子的连续的、不可分解的一部分时,就叫作句子的"直接成分"（immediate constituents）。直接成分分析是句法的基础,也是本族人创造和理解较长句子的手段之一。一种语言中的每一个较长句子(长句占多数)的构成方式与那些相对数量较少的不能再分解的短句的构成方式是相同的。这类短句叫做基本句型（basic sentence types）。长句的构成方式以及反过来分解成短的基本句型的方法可以叫作扩展（expansions）。语言的这一特性可以帮助解释有关语言的最重要的、乍一看令人惊异的语言事实之一,即人们可以马上理解他在本族语中从未听过或读过的句子,只要句中的词已经是熟悉的或通过上下文句子中其他部分可以理解的。这种能力包含着对句子结构的基本模式以及把这些模式加以扩展的固定方法的掌握。

下面的英语例子可以说明和厘清上述术语和程序。按照这种分析规划,我们可以拿 John spoke, run! do you see? Where is it?为例来进行基本句子结构的分析,几乎所有的英语长句都可以这样进行结构分析。在 Johns saw, Mary, John was admired 和 does Jennifer like cheese 中, saw Mary, was admired 和 like cheese（按词类成分来说,三者都包含动词和名词）都出现在单个动词能够出现的位置上（John spoke, does Jennifer cook?）。构成成分可以是不连贯的,在 tomorrow we leave?中, tomorrow...leave 替代了单个动词,如像 we leave 这样的句子中的 leave, go 等。

在许多英语句子中,尽管不是全部的英语句子,较长的成分倾向于具有呈连续序列的组成词语,虽然我们刚刚看到不连续的序列属于单个成分的例子。在有些语言中,特别是形态使相关句法联结更清楚的语言中,这些不连续的成分要常见得多。

其中的每一个较低的框架连接一对相连的直接成分。为一种语言的大量句子所共有的句型可以叫作这种语言的常用句型。基本的句法结构是任何一个常用句型的最简形式,可以在各种结构位置上通过一系列的扩展形成无数长句。然而在任何语言中都可以找到与基本句法结构不符或不能缩减成基本句法结构的句子。一些这样的句子在话语中可以是使用频率较高的,但是作为句型,它们几乎不能扩展结构或形成长的句子。这种句子可称作非常用句型或少数句型。它们可分为两个大类。

(1)那些句法上不被划为长句,与前面的句子没有关系,但又可以引起讲话或对话的句子。这些句子常常是感叹句:John! hello! bother! drat! gracious! 有些句子可以朝某个方向扩展,如 poor old John! hello there! drat that noise! good gracious me! 其他的则是格言式的,如 the more the merrier, easy come easy go。后一类句子大多数情况下在词汇上是受限制的,通常情况下特定的词项内容很少或几乎不允许有变化,因而几乎是非能产的。

(2)那些可划归为包含相同的词或词的序列的长句的句子。这些句子通常不在话语的开头位置,是对前面一句话语的反应,尤其是对问题的回答:(where do you live?)in Ashford,(what's that stuff?)porridge。但也不必都是对前面话语的回答。例如,here! Hands up! All right,fifteen all(在网球计分中),twenty pence a pound,jolly well done 等句子,在适当的语境中,不考虑前面的话语就可以被说(或写)和理解。

第二类句子区别于第一类句子之处就在于,第二类句子的每个在该语境中都可以用一个更长、更明确的、可起到同样作用的句子(是常用句型)所替换,这第二类句子可以是长句的一部分:we live in Ashford, that stuff is porridge, the score is fifteen all, these cost(or the price is)twenty pence a pound, that was jolly well done。对不明白第二类非常用句子的孩子或外国人,要想让他们清楚意思,一种很自然的方法就是使用较长的、更明确的句子。正因为这个原因,这类短句通常被称作"非完整句"或"省略句",并用其他"可理解"因素来做语法解释。像这类句子虽然可以被归为具有基本句法结构的句子,但就它们的状况来看,不能代表基本句法结构。属于第一类的非常用句不可以这样被归入它们可以合并进去的长句。它们的意义必须直接参考语境来解释,或间接地通过释义来解释。

（二）向心和离心

词黏合成两大类主要的词组或结构：向心结构和离心结构。区分这两类词的标准是看有关词组能否在句法上等于或接近它的一个或多个组成成分词或小一级的组成成分，如等于或接近就是向心结构，如不相等或不接近就是离心结构。

语言的离心结构在数量上比向心结构少，大多数句子中离心结构的数量比较少。然而不可缩减的基本句型如果多于一个词，就必定是离心的，否则它们就不是不可缩减的。本节已经举过的英语例子，除了本身是基本句子结构以外，多数的构成成分是向心的。其他典型的英语离心结构有：后跟名词或名词词组的介词结构，如 towards London，from the country 等；后接从句组的连词词组，如 if we had the money，because it is no good 等。这些词组或从句组所起的作用与单个副词相同，但与其组成成分的任何词或词组不同，因而不能用其中的任何构成成分代替。

由单个动词或其扩展形式构成且等于离心的常用句型的英语句子确实存在。例如，"What did he do all day？ Walked." "Where have you been？ Climbing over Scafell." 由单个动词构成的祈使句如 run 等是不可缩减的、自足型的基本句型，从语法上看是不同的，它们使用了动词变化表中的不同形式，具有不同的扩展可能性。向心词组，可以根据它们在句法上只跟一个词或其中的较小的成分组相似还是跟多于一个的词或其中的较小的成分组相似，分为从属的或并列的。例如，men and women（名词＋连词＋名词）是并列关系，因为它可以被 men 或 women 代替，因而 men 和 women 是对等的；但 clever boys（形容词＋名词）是从属关系的，因为它可以被 boys 代替，但在所有句法关系上都不能由 clever 代替。所以，结构的层次体系可以用图 3-18 表示。

在从属关系的结构中具有整个结构的句法功能的词或词组叫作中心成分，其余的构成成分叫作从属成分。

图 3-18 结构层次体系

四、句法功能

所谓句法功能,指的是一种语言形式与同一句型中其他部分之间的关系。下面就来具体对句型展开分析和探讨。

句型是句子的结构模式。一个语言中的句子可以很多,但组成句子的结构模式却是有限的。不同的语言根据自身语法结构的特点,可以得出不同的句型。

句型按照句子的结构模式进行分类。句型首先分为主谓句和非主谓句。一个完整意义的句子一般必须有主语和谓语,但也有的句子没有主语和谓语。主谓句多出现在书面语中,非主谓句多出现在口语中。

根据主谓结构的层级和表达完整意义的多少,句子可以划分为单句和复句。只有一个独立结构的主谓句或非主谓句叫单句,由两个或两个以上意义上密切联系、结构上相对独立、互不包含的主谓句或非主谓句构成的句子叫复句。

句型还可以从句子成分的性质和多少、充当某一句子成分的词语性质、特有的语法词语的有无等不同的角度进行分类。各种语言通用而比较常见的句型一般有以下一些。根据句子成分,句型可以分为"主语—谓语"句、"主语—谓语—宾语"句、"主语谓语—双宾语"句等。

根据谓语的性质,句型分为动词性谓语句、形容词性谓语句、名词性谓语句等。根据主语与谓语动词的关系,句型可以分为主动句、被动句等。汉语比较特殊的句型有主谓谓语句、连谓句、兼语句、存现句、"的"字词组句、把字句、被字句等。

英语比较特殊的句型有宾语补语句、there be 句型、it 句型、what句型等。

一个简单的句子,添加不同的句子成分或使句子成分复杂化,这就是句型的扩展。语言具有递归性特点,几乎可以使简单句无限地扩展下去。

英语也可以作类似的转换:"To teach him is difficult.","It is difficult to teach him.","He is difficult to be taught." 句型的转换是多种多样的。对大多数语言而言,常见的转换有主动句与被动句的转换,肯定句与否定句的转换,陈述句与感叹句的转换,陈述句与疑问句的转换,主语与宾语的转换,宾语与状语的转换,简单句与复杂句的转换,省略句与不省略句的转换等。对特定的语言而言,汉语有把字句与被字句的转换,普通主谓句与主谓谓语句的转换,普通主谓句与名词谓语句的转换,"的"字词组句与非"的"字词组句的转换等。英语则有复合宾语与宾语从句的转换,it 句与简单句的转换,it 句与 there be 句的转换,分词短语与状语从句的转换,定语从句与状语从句的转换等。例如:

He who looks not forward finds himself behind.

不进则退。(用定语从句表达)

If he does not look forward, he will find himself behind.

不进则退。(用状语从句表达)

五、短语、分句和句子

(一)短语

短语虽然是一个单一的结构要素,但是其中蕴含的词语可能是一个,也可能是多个,但是其并不涉及主谓结构,就传统意义上而言,短语在句子中属于一个重要的层级结构,其介于词汇与分句之间。例如:

to the windows(介词短语)

get done(动词短语)

the lovely boy(名词短语)

very good(副词短语)

(二)分句

一般来说,分句由短语构成,可能一个,也可能是多个,其中涉及主谓结构。由于分句的用法不同,其可以划分为两种,一种是独立分句,一种是非独立分句。前者可以单独使用,后者不可以作为独立成分使用。例如:

Tom liked swimming.

I often attended a concert because I liked singing.

上面的例子中,第一个句子为独立分句,第二个句子中的 because I liked singing 是状语从句中的非独立分句。

(三)句子

就传统意义上说,句子是可以传达思想的最小单位。下面就对句子做重点分析。

一般来说,句子可以划分为图 3-19 两大类。

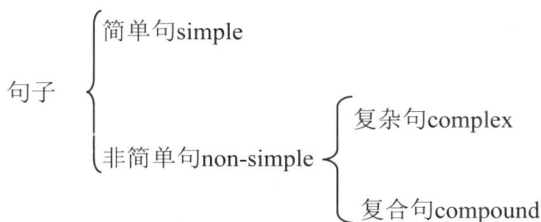

图 3-19　句子结构分类图

其中,包含两个以上的述语性的句子就属于复合句。例如:

Jerry like swimming and dancing.

而主从复合句的几个分句有依赖关系,可以分为主句和从句。从句依赖于主句,说明主句,如主语、表语、宾语、定语、同位语等。例如:

Where did you get the idea that I could not come ?

按照句子功能可以将句子分为陈述句和祈使句,如图 3-20 所示。

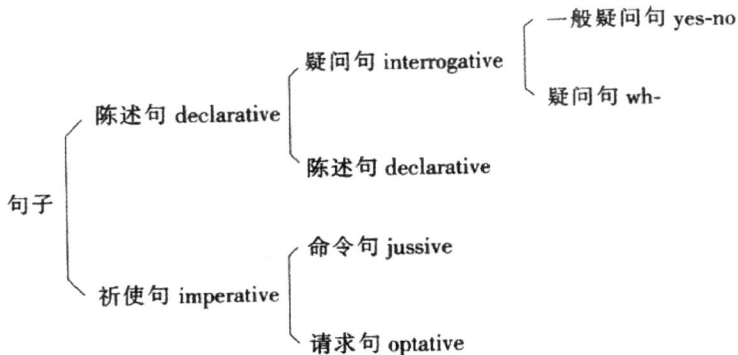

图 3-20　句子功能分类图

第三节　句法学理论在英语教学中的应用策略

一、语境教学法

句子与语境有着密不可分的关系,因此在句法学与语境理论的指导下,教师可采用情境教学法开展教学,情境教学法有着包含句法规则和知识的真实环境,可以充分调动学生不同的感觉器官,激发学生学习的兴趣,可以让学生在接近真实的情境中确实参与到学习中,使学生系统地掌握句法知识。句法教学通过情境化实现了认知与情感的联合,颠覆了过去只讲述句法规则的陈旧方法,学生有了使用语言的空间,而且通过情境化教学,课堂氛围更加活跃,师生关系更加和谐,学生的句法能力和交际能力会得到显著提升。具体而言,情境教学的教学途径包含以下几个。

1. 创设音乐情境

青少年通常对音乐有着强烈的兴趣,因此在句法教学中,教师可将音乐与句法教学相融合,营造轻松愉悦的气氛,在聆听中学,在欢唱中学。例如,在讲授现在进行时这一句法时,教师可以让学生先欣赏歌曲,并让学生持有该曲的歌词,然后找出歌词中含有现在进行时的句子。这样既能激发学生的学习兴趣,分散学生学习的难点,又能使学生在不知不觉中学到知识。

2. 使用角色扮演

在英语句法课堂教学中,教师还可以组织学生进行角色扮演,让学生身临其境地学习句法知识。学生可以通过自己扮演的角色,体验相应情境下人物的言行举止、思想情感,深化所学知识,提高学生的人文素养。

3. 运用媒体语境

在教学中,有些教学情境因条件的限制无法创设,但随着多媒体技术的发展及其在教学中的运用,这一缺陷被弥补了。多媒体教学素材丰富多样,包含图像、图形、文本、动画以及声音等,将对话的时空体现得生动和形象,图像和文字都得到了充分得体现,课堂范围不再沉闷死板,学生的感官得到了调动,加深了学生的印象,提高了学生参与课堂教学的积极性,教学和学习效率也得到了显著的提升。

4. 创设游戏语境

设置符合学生心理和生理特征的教学游戏,可以激发学生的学习积极性,让学生积极参与其中,而且生动活泼的游戏可以调动学生的多种感官,使学生原本觉得困难的句法结构也变得简单许多,从而使学生在潜移默化中掌握句法知识。

二、文化对比法

文化与语言关系密切,当然文化对于英语教学影响深远,因此教师可以采用文化对比的方法展开教学,让学生不断对英汉句法的差异有所熟悉,培养他们的跨文化交际意识与能力。

众所周知,我国学生是在母语环境下来学习的,因此不知不觉地会形成母语思维方式,这对于英语学习而言是非常不利的,甚至在组织语言时也掺加了汉语的成分。基于这样的情境,英语教师就需要从学生的学习规律出发展开对比教学,使学生不断认识到英汉句法的差异,这样便能在发挥汉语学习正迁移的前提下,使学生掌握具体的英语句法知识。

三、三维教学法

在具体教学过程中,英语教师都倾向于两种教学方法,一种是注重语言形式或语言分析的教学方法,另一种是注重语言运用的教学方法。这两种方法各有侧重,但实践证明,将两种方法结合起来才会更加有效。从交际角度而言,语法不仅是各种形式的集合,语法结构也不仅有句法的形式,也可以运用具体的语言环境来表达语义,可以将这三个方面表述为形式、意义和用法。美国语法专家拉森·弗里曼(Larsen Freeman,1995)提出了基于 Form,Meaning,Use 三个维度上的三维教学法,将语言的形式意义和用法有机结合起来。其具体模式如图3-21所示。

三维教学法的实施包含五个步骤:热身运动、发现语法、学习形式、理解意义、应用语法。

热身运动是对上一课堂要点的复习,然后通过一些参与性活动,如听歌、表演、竞赛等形式,让学生对新的内容有所了解,调动学生的背景知识,激发学生的求知欲望。

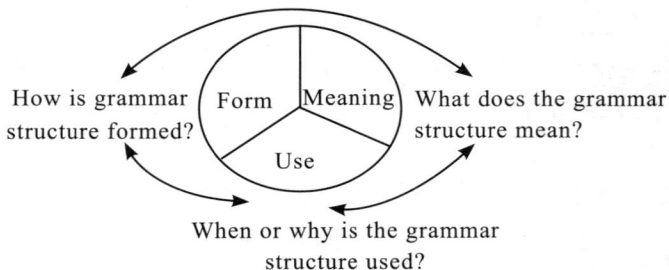

图 3-21　三维语法教学法

（资料来源：邓道宣、江世勇，2018）

发现语法是指学生通过教师讲解和引导，在感知和发现语法现象。

学习形式是指学生在发现语法的基础上，以语法结构的形式总结出语法规则。在课堂教学中，这部分内容表现为回归课文阅读文章，通过阅读文章找出类似的形式和结构。这一阶段过后，学生能够为下一步理解、操练规则做好准备。

理解意义是指设计以意义理解为主的活动，从而促进学生对语法项目的理解，与语法的应用奠定基础。

应用语法是指教师为帮助学生掌握语法规则，提高其语法应用能力所设计的篇意识强、交际性好、能够促进学生思维发展的活动或任务。

在具体的教学过程中，教师可以根据具体的教学情况对上述几个步骤进行调整。

第四章
语义学理论指导下的英语教学策略

　　语义学是语言学的一个重要分支,其主要研究的是某一语言所呈现的一些语义现象,并且对这些现象展开分析、研究与描述。语义这一现象是非常复杂的,并且涉及非常广泛的理论。本章就基于语义学理论,探究这一理论指导下的英语教学策略。

第一节　语义与语义学

一、什么是语义

　　语义是语言的意义,是语言的内容,是语言通过具体的语音形式所表达的意义。语言学上通常将其分为三个类别:词汇意义、语法意义、语用意义。

　　词汇意义指词语所具有的概念意义。人类的大脑通过对客观事物的概括与抽象而形成了概念,并用一定的语音形式表达这些概念。词汇意义是语言单位的理性意义。语音即语言的声音,是语言的物质外壳,语言必须借助声音才能表达。词汇意义是以概念为基础的,概念是客观现象本质特征的概括反映。

　　语法意义指词语和语句因语法关系而具有的意义。它包括语法单位的意义,如数、性、格;语法功能的意义,如主语、谓语、宾语等;句法结构意义,如陈述句、疑问句、否定句等。比如,汉语"诗人的灵魂"中语法成分"的"具有表示领属关系的意义。再如,英语中 flowers(花,复数)中的词尾这一语法成分具有表示名词复数的意义。语法意义总是通过一定的语法形式表现出来的,它是同一类词或同一类结构所共有的。

语用意义是指语言在特定语言环境中所呈现的意义。它随着语言环境的改变而改变,因此具有不确定性。它受制于诸如篇章结构、言听者、言说者、言说场景、社会环境、文化背景等诸多因素。所谓的语义受制于语境,主要表现在三个方面。

第一语境对语义具有显示功能。它排除歧义,消除含糊,确定所指,完善省略意义。

第二语境对语义具有延伸作用。它赋予言外之意,产生相反意义,创造语境歧义,引发联想意义。

第三,语境对语义具有取舍功能。它舍去原始意义,采用俗成意义。

对"语义"的认识有三种基本的途径。

第一,词语与事物的联系。词语是用来指称或命名事物的。但是,这样的认识遭遇相当多的例外。比如,我们没有办法解释名词"一致""传统",动词"想象""认识",形容词"容易""受欢迎的"等词的含义。此外,词语意义,即符号受指具有任意性。符号施指一方是分级的、范畴化的、制度化的,而客观对象,即符号受指一方总是错综复杂的整体,常常是以不完全清晰的状态存在的,那么用以指称这些客观对象的概念必然有可能是任意的。所以,语言的本质决定了语言符号的任意性。以人的一生为例,它是一个不间断的发展过程,但是语言符号提供了人生阶段性的概念,如幼年、童年、少年、青年、壮年、老年等。人的一生的确可以划分为不同的阶段,但是这些阶段之间原本没有清晰的界线,在少年和青年、在壮年和老年之间,我们无从划定分水岭。词汇意义的任意性不仅仅存在于音响形象与概念之间,而且单方面地延伸到符号受指,又反过来影响到符号施指与符号受指结合体的横向组合或线性语符列。如果我们对不同语言的词语进行同类比较,任意性则更为突出。比如,汉语有 wuding(屋顶)和 tianhuaban(天花板)之分,英语也有 roof 和 ceiling 之分,而西班牙语则只用 techo 来指称这两种客观存在。但是,西班牙语区分 rincon(内部角落)和 esquina(外部角落),而汉语和英语都只有一个词语,分别是 jiaoluo 和 corner。在"村庄"和"镇"之间,西班牙语中有一个词语 pueblo,表示"大村庄"或"小城镇",汉语和英语都没有相应的词语。英语中的 river 在法语中有两个相应的词语 fleuve 和 riviere，通常前者流入大海，后者流入其他的河流。汉语有"江""河"之分，但似乎不是以是否入海或长短、大小为标准来命名的。例如，"长江"和"黄河"都是入海的，而"富春江"远没有"黄河"长，"秦淮河"则比"富春江"更小。因此，在符号施指与符号受指，即词语和客观事物之间实际上存在着不完全对应性。

第二，词语借助概念与事物发生联系。在词语和事物之间没有也不可能有直接的联系，只有通过思想，才能够实现词语与事物之间的联系。每一个词语都有一个相关联的概念。著名的系统化阐述来自奥格登和里查兹的《意义的意义》。根据奥格登和里查兹提出的语义三角关系，语义可以被解释成下面三个要素的关系：一是被指称的事物或概念，即符号受指（referent）；二是用来指称该事物或概念的符号或名称，即符号施指（symbol）；三是大脑中所产生的该事物的形象或该概念的意义（thought）。图 4-1 便是著名的语义符号三角图。

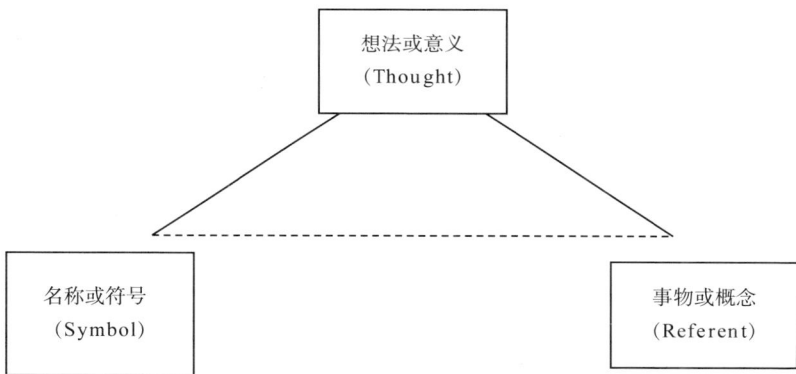

图 4-1 语义符号三角图 [①]

这种认识途径的最大障碍来自对"概念"的界定，即便是对具象的事物，我们似乎也难以形成确定的"概念"。

第三，刺激是词语与反应的根本动力。美国语言学家布龙菲尔德引进行为主义的观点，在《语言》中提出：意义是可以从语境研究中单独推演出来的。刺激（S）导致人们言说（r），反应（R）则是言说刺激（s）的结果。图 4-2 是布龙菲尔德提供的语义过程。

---

① 裴文.普通语言学 [M].广州：广东教育出版社，2006.

刺激（S）	→	r……s	→	反应（R）

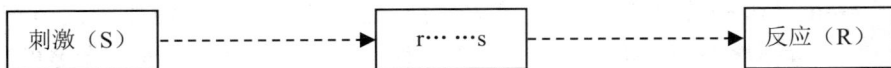

图 4-2　布龙菲尔德提供的语义过程 [1]

但是,要界定"刺激"是相当困难的,而更大的困难则在于人们并不总是在按照预定的方式言说。

总而言之,本书认为语义是语言的要素。从语言的本质上说,语言是语音语义结合的符号系统,语音和语义是语言不可或缺的两个方面。不同学科的学者从不同的角度给语义下过定义,由于这些定义来自不同学科,体现着不同学科对意义理解的差异。同是语言学家甚至是专门研究语义的语言学家所理解的意义也是千差万别的,奥格登与理查兹（Ogden & Richards）的名著《意义的意义》（Meaning of Meaning）就列举了 22 种不同的定义。

要认识语言的意义,应该具备两条基本的原则。

一是不能脱离语言本身,离开语言本身去探索语言现象的解释,就像从没有门窗的房子中寻找出口一样徒劳无益。

二是把语言研究这一任务看作是对说本族语的人的语言能力的说明。也就是说,如果一个人要"懂得"某种语言,他的思维器官必须具有能提供那种语言的规则和结构的能力。

二、什么是语义学

（一）语义学的内涵

语义学是研究语言的意义的科学。无论中外语义学的历史都可以分为前语义学、传统语义学、现代语义学三个时期。

1. 前语义学

前语义学,可以称为"训诂学"。那时的训诂学是传统语文学的一部分。训诂学研究的目的,主要是解读经典,在中国主要是为解释以儒家经典为主的古代文献服务的,在西方主要是为翻译和解释《圣经》服务的,因而语义学没有独立的地位,是经学的附属。从内容来看,训诂学

---

① 裴文.普通语言学 [M].广州:广东教育出版社,2006.

主要是研究古代典籍中的词义和句义。中国古代的训诂学十分发达,古人已经创立了直接从意义入手的"义训",通过分析字形来解释词义的"形训",通过分析声音来探求语源的"声训"等研究方法来解释词义,也创立了分析句义和段落篇章的"章句"。当时,由于语言学没有独立的地位,语义学也没有独立的地位,语义学的术语没有产生,因而称为前语义学时期。

2. 传统语义学

就整个世界范围看,传统语义学演变为语言学是在 19 世纪。语言学的地位确立以后,语言研究不再只是解释古代典籍中的风俗、习惯、制度等的工具,而是有自己独特的研究理论、方法的科学体系。随着语言研究领域的不断扩大,语义的研究成了语言学的分支——词汇学的重要内容。1825 年,雷西格初步建立了具有研究意义的学科semasiologic——义符学或语义学,研究词义及其历史演变。

1893 年,法国语言学家布那阿尔(Michel Breal)首先使用了语义学这个术语,并于 1897 年出版了第一部专著《语义学探索》,这部著作使布那阿尔成了著名的传统语义学家。以后,又经过胡塞尔、梅耶等学者的奠定性研究,传统语义学成了一门语言学的分支学科。

从附属的训诂学发展到独立的传统语义学,是一次质的飞跃。传统语义学以词义为研究的中心,研究领域主要有:词源,词的理据,词义的变化和演变,词义的类聚——多义词、同义词、反义词、同音异义词,词的中心义和色彩附属义,词义和概念的关系,词义、语音和客观事物三者的关系,词语的解释及教学,词语翻译,词典编纂等。现在语义学虽然已经进入了现代语义学阶段,传统语义学仍然在许多方面发挥着它的作用,仍然有它存在的价值。

由于语义与其他诸如哲学、逻辑学、心理学、生理学、人类学等学科关系密切,语义学的发展远远落后于其他语言学科,如语音学、音位学、语法学等。无论是研究涉及的领域、研究方法的创新,还是研究理论的总结、研究成果的获得,传统语义学在语言学的几个分支学科中都是最为薄弱的。

传统语义学有它的缺陷,主要表现在以下几个方面。

(1)研究范围的单一性。语音学研究的范围是多元的,包括音素、音位、音节以及词、词组、句子的语音结构,语法学研究的单位也是多元的,包括语素、词、词组、句子等,但传统语义学的研究范围十分狭窄,仅仅局限在词义的范围内。

（2）研究方向的单向性。传统语义学不像语音学那样,从音素、音位、音节一直研究到停顿、重音等语调现象,更不像语法学那样,从语素、词、词组一直研究到句子,有的学派甚至研究到段落和语篇。而传统语义学只是从词语这一个唯一的角度研究语义。

（3）研究方法的直觉性。把词义囫囵地当作一个整体,而不能深入词义的内部(如不能分析到"义素")。

（4）研究思路的孤立性,几乎不涉及语义系统。词义是传统语义学的起点也是终点,传统语义学在不能深入词的内部的同时,也不能扩展到词义的外部(如不能对语义场进行分析)。

面对传统语义学存在的这些缺陷,语言学家对语义现象提出了一些全新的解释,突破了传统语义学的桎梏,现代语义学应运而生。

3. 现代语义学

现代语义学并不是一个统一的理论学科,它的流派众多,影响较大的有以下一些理论模式。

20世纪初,欧洲的一些语言学家利用索绪尔的结构主义理论和方法研究语义,使语义研究出现了新的面貌。德国语言学家特里尔(J. Trier)提出了语义场(semantic field)的理论框架,把语言的意义作为一个系统看待,从而开始了语义系统的研究,在欧洲逐渐形成了结构语义学。

20世纪60年代初,经过修改的转换生成理论认为,除了作为基础的语法部分之外,还应该包括语音部分和语义部分,语法部分具有"生成性",语义部分具有"解释性",但不具有"生成性"。语义部分的语义规则对句子的深层结构做出语义解释。解释语义学运用一些符号和规则对语义进行形式化的描写,检验句子各个组成部分是否搭配,意义是否站得住脚,也解释一些歧义现象,从而得出句子的意义。

生成语义学派认为,语法和语义是不可截然分开的,语义是基础,也有生成性,主张通过一次转换就直接产生句子的语音形式。

菲尔墨(J. Fillmore)的格语法提出了"语义深层结构"的理论模式,认为每个句子都由命题和情态构成,其中的命题可以扩展为一个动词和一个或一个以上的语义格,通过一定的规则,可以把语义深层结构转换为句子的表层结构。

切夫(Chafe)认为语言的意义为声音提供手段,这个变换以语义结构为起点。从语义到语音,中间经过多次转换。动词的语义特征是分析句法结构和语义结构的依据。语言学不能只停留在句子平面,而应该扩大到话语或者篇章,可以进行话语分析。

蒙塔古(R. Montague)认为自然语言与计算机的语言本质上没有区别,对它们都可以做精确的数学描述。研究自然语言的句法学、语义学、语用学都应成为数学的一部分。

现代语义学派的兴起说明语言学家们逐渐注重语义问题,克服了结构主义乃至转换生成语法排斥语义的严重局限。现代语义学派的流派众多,理论模式多样,使语义的研究呈现出生机勃勃的繁荣景象,这对语义学乃至整个语言学的发展会起到不断的促进作用。现代语义学派的语义场理论和义素分析法对一些语言现象的解释力是比较强的。现代语义学也存在着许多不足。这表现在对具体的语言材料的分析不够全面,应用方面比较狭窄等。

(二)现代语义学的深层解读

现代语言学始于对传统语义研究的排斥,其发展却意外地促进了现代语义学的兴起和发展,语言研究其实是无法回避对意义之研究的。

1. 结构语义学

结构语义学始于索绪尔的语言为符号系统的思辨,它从结构主义的哲学观来审视语言的意义问题。特里尔的语义场理论突破了传统的语义研究框架,也为现代语义学的兴起奠定了基础,英国的厄尔曼(S. Ullmann)的语义学研究促进了语义的现代系统研究。结构语义学兴起于欧洲,却受到一贯回避语义问题的美国结构主义语言学者的排斥,直到 20 世纪 50 年代之后才有了情况的改变。现代语义学的基本术语和方法都出自这一语义学派。

2. 解释语义学

美国结构主义的静态描写语言学无视语义,其语言研究渐入困境,从而导致了动态分析的转换生成语言学的兴起。乔姆斯基仍然回避语义,但是他的深层结构理论实际上和无意之间已为语义研究敞开了大门。他首先就受到自己学生的挑战,卡茨(J. Katy)和福德(J. Foder)等人就专门研究语义并提出语义在深层构造里的性质和作用。乔姆斯基有保留地接受了他们的意见而在《深层构造,表层构造和语义解释》(*Deep Structure, Surface Structure and Semantic Interpretation*, 1970)中构建了语义理论部分,并提出了他的解释语义学模式,如图4-3所示。

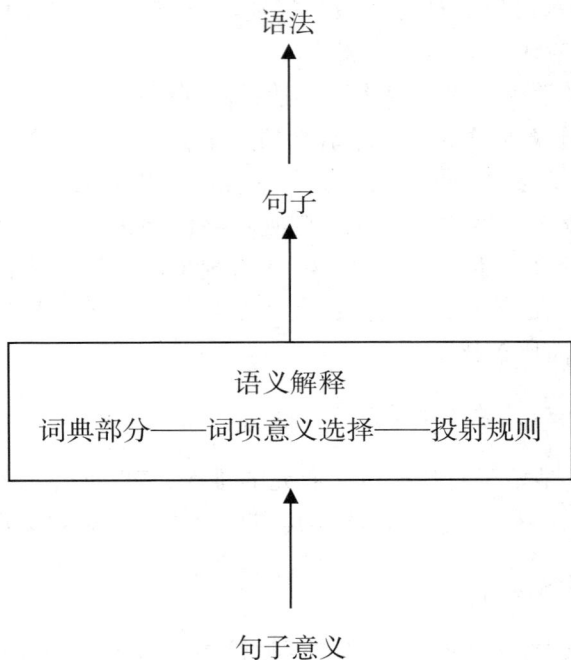

语法

↑

句子

↑

语义解释
词典部分——词项意义选择——投射规则

↑

句子意义

图4-3 乔姆斯基的解释语义学模式 [①]

这个模式之所以叫解释语义学,是因为它仅是附属于深层句法的语义解释部分,而与表层的音位表现对应,深层语义解释并不介入生成转换的过程,如图4-4所示。

乔姆斯基的解释语义学引起语言学界对语义研究的关注和兴趣,也掀起了语义之争的学术辩论。辩论的中心议题是语义与语法的关系,从这些理论争论里逐渐产生了生成语义学。

---

① 张维鼎.语言文化纵论[M].成都:四川辞书出版社,2002.

表层言语构造 ————————————→ 音位表现

↑

转换规则

↑

深层句法 ————————————→ 语义解释

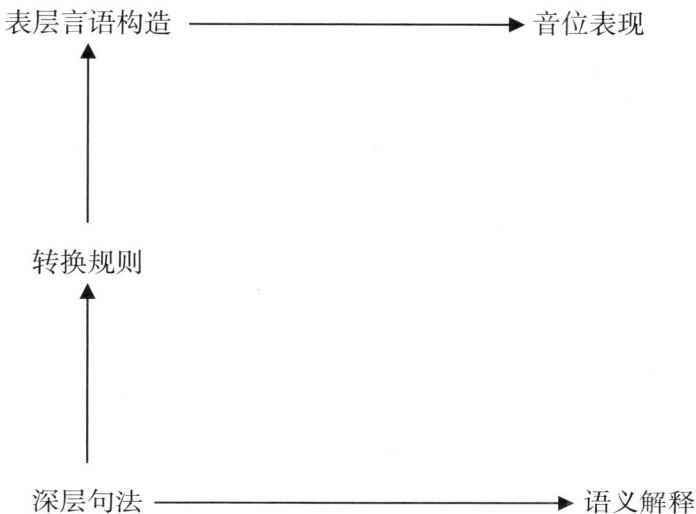

图 4-4 深层语义解释的转换过程 [①]

3. 生成语义学

乔姆斯基虽然将语义纳入自己的语言模式,但是他坚持认为深层构造是句法性的(syntax-based)。他的学生莱考夫、罗斯、波斯塔尔等却认为深层构造应该是语义性的,他们建立了生成语义学派。美国学者们就语言深层构造是句法性还是语义性的争论目前尚未解决,似乎是无法解决的。因为语言深层构造既不可能是纯句法也不可能是纯语义。其实莱考夫等人也认为,语义和语法是不可分的。汉语是语法形式极少的语义语言(参看徐通锵《语言论》),它的深层构造的语义基础性必然很强。某些西方语言有十分丰富的语法形式,它们的深层构造的句法基础就可能较强。语言表层构造是深层构造的转换反映,对其深层构造的基本特点应该有所反映;深层构造是表层构造的心理抽象,对其表层构造的基本特点也应有所抽象反映。语言对客观世界的编码既要依靠语义也不能不借助抽象的语法形式,问题仅在于不同的语言文化对二者所采用的比重和方式。一切语言都共有的普遍性的深层构造,恐怕还深藏于认知意识的某个层次,等待着人们的探索。生成语义学的语言模式可图示为:

---

① 张维鼎 . 语言文化纵论 [M]. 成都:四川辞书出版社,2002.

语义解释──→转换规则──→表层构造

这个模式表明：生成语义学者们相信，语义是介入了由深层向表层的生成转换，而不仅是解释性的。20世纪70年代左右生成语义学达到了全盛时期，使语言研究的领域大大扩展，学派众多，进一步渗透到了社会文化各方面。理论争议的难解难分，使学者开始对语言的生存环境——社会文化和人的思维产生了新的兴趣和再次的关怀。学者们风流云散，开始各自展开研究课题，其目的是将语义研究引入认知科学的更深层次。因此，生成语义学不能说消散了，而是扩散了。语言研究和语义学逐渐进入今天的认知研究阶段，目前认知语义学还处于形成过程，方兴未艾。

在生成语义学派中菲尔默的格语法（Case Grammar）独树一帜，他提出了"语义深层构造"和"语义格"理论。其理论不仅引起了语言学者的兴趣，也引起了人工智能和计算机程序专家的关注。格语法对汉语研究也有极大的启迪。近几年来，几位语言学者写出了重要的语义学著作：利奇（G.Leech）的《论英语之语义描述》（*Towards a Semantic description of English*），厄尔曼《语义学》（*Semantics*），莱昂斯（J. Lyons）的两卷本《语义学》（*Semantics*），帕尔默（F. Palmer）的《语义学》（*Semantics*），肯普森（R. Kempson）的《语义理论》（*Semantic Theory*）。这些著述全面综合了传统语义与现代语义研究的成果，各有特色和系统。

4. 语言意义

指称论和观念论都是长期广为语言学者们接受的意义理论，它们主要讨论的是语言意义，而且有极大的合理内核。英国语言理论家莱昂斯说：语言学者所应保持的是介于心理论（即观念论）和机械论（即指称论）之间的中性位置，这个位置与二者兼收并蓄，但又不追随其中任何一方。在这个方面，索绪尔的符号理论和奥格登和理查兹的语言符号的语义三角理论值得讨论。

索绪尔把词语视为语符，人所发出的语声和写出的文字是语符的能指，也即是语符的形式；我们的思维观念和概念是语符的所指，也就是语符的内容。我们的心理联想将形式和内容捆扎在一起就形成一个语符。观念和概念都来自对客观外界的反映，因此客观事物就语义分析性地投射进我们的思维。

奥格登和理查兹把索绪尔的理论、语言哲学的指称论和观念论的理论结合起来,并将其体现在他们的语符三角关系图(图4-5)里,他们的三角理论也引起了一个值得考虑的问题。索绪尔语符的内容与形式的联想纽带或思想与语符之间的连接,究竟是什么样的呢?这是语言学者们,尤其是认知语言学者们,至今仍在探索的问题。

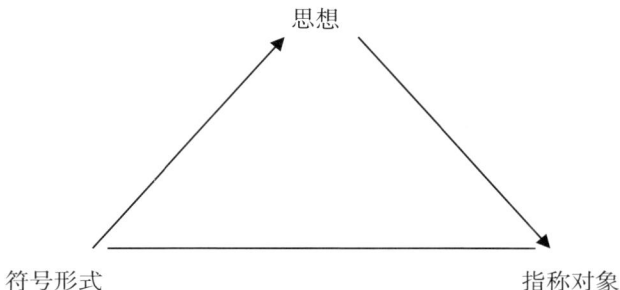

图4-5 语符三角图

这个图形认为,符号形式不直接指向指称对象而是经由思想观念或概念而指向了客观事物,因为思想观念是对事物观察和感知的思维抽象。美国语义学者阿伦说:一个语言表达式的意义反映它的指称对象的典型特征,该特征为人所感知,并表现为该对象之概念特征。我们认为,指称对象的典型特征就是事物间相互区分的区别特征,而不一定要是本质特征。语义的指称对象因此还可以是事物的形态、性质、动作、状况等。根据迈农的理论,语义指称对象还可以是一些数量、类别、方位、关系等反映客观世界里事态存在格局的概念。语言里其他词类,诸如形容词、动词、副词、连词、介词、情态助词等的语义指称,也就可以很好地得到解释。在日常言语里,"意思"(mean)有许多含义,它们混淆了人们对意义的理解。比如,"I didn't mean to hurt you.(我无意伤你)"中,mean 表示"意图"的含义;"Another child means an ext mouth to feed.(多个孩子就意味着多了一张吃饭的嘴)"与"Smoke means fire.(烟就意味着火)",这两句话里 mean 的含义是一种由此及彼的推论(inference)含义。在某种意义上,红色交通灯光示意人们停止,相当于语言学中所说的语符意义——"示意"。交通灯光的意义与语符意义之所以相类似,是因为它也是一种编码意义。但是,语符意义是动态的、非一对一的、系统性的语言意义;而交通灯是固定的、一对一的、十分简单的编码意义。

（三）语义学的处境

1. 意义与人文科学

意义问题是现今人们所关注的焦点。为了把各种人类行为转变为人类学，把各系列事件转变为历史，我们不得不去探寻人类活动的含义和历史的含义。

在我们看来，人类世界本质上可定义为意义的世界。因此，只有在探寻意义的活动中，诸人文科学才能找到它们的共同点。因为如果说各门自然科学在探知什么是人和世界的话，那么诸人文科学就是以多少有点明晰的方式给自己提出了人和世界意味着什么的问题。

就意义问题的界定这一共同愿望看，语言学最有资格当此重任，因为这门学科得到了更为详尽的阐述，更形式化，可以向其他学科提供它的经验和方法。故此，在19世纪50年代的法国，语言学压倒其他学科，获得了主导学科这一令人羡慕的称号。语言学所获得的优越地位只会造成一种带有悖论色彩的局面：从一个几乎什么都没有发生的所在辐射出一种双重效应。

第一个效应是荣耀必须付出的代价，而早在语言学之前，社会学、精神分析学就有过这样的经历。我们知道，这一效应名谓"通俗化"，其特征是扭曲一门学科的方法论结构，取消该学科诸概念之间往往是最基本的对立。结果，被贫化和扭曲的语言学术语在一些前卫刊物上大行其道，以致语言学家极难从中辨认出自己的研究成果。

与此同时，语言学也产生了一种可靠的方法论效应。但这种方法论效应不是严格意义上的方法借用，而是指认识论态度，某些模型和发现程序的移植。这种移植丰富了梅洛 - 庞蒂（Merleau-Ponty）、列维 - 斯特劳斯（Levi-Strauss）、拉康（Lacan）、巴尔特（Barthes）一类学者的思考。而在这些认识论模型和它们所适用的领域之间不无差距，该差距只会促使这些模型趋向个性化。如果说由此产生的大量研究成果使行家们现在得以谈论"人类学法国学派"的话，那么缺少一种方法论催化剂就更加令人感到遗憾了。该催化剂作用自然是语言学所起的作用。奇怪的是，语言学应承各方所求，但对任何语义研究往往犹疑不决，甚至抱有敌意。

2. 一门穷亲戚：语义学

必须承认，语义学向来就是语言学的穷亲戚。在诸语言学科中，语义学是最新形成的门类，连其名称也是19世纪末才造就的。从历史语言学发展过程看，在语义学出现之前，先有得到详尽阐述的语音学，继而是语法学。即使有了名字并立足于世，语义学也只是致力于借用传统修辞学和内省心理学的方法。结构语言学的发展遵循同样的先后次序。布拉格学派首创音位学，哥本哈根学派紧随其后，关注语言学理论的制作，并致力于用这一理论革新语法研究。

语义学被忽略了，这是一个明显的事实，也是一种有意的行为，因为在语言学界，人们至今还在考虑语义学是否有一个同质的研究对象，这个对象是否有权利把语义学视为一个语言学门类。

要确立语义学所特有的方法及其研究对象的构成成分确非易事。音位的数目有限，并具有区别性特征——人类第一次科学革命即最早的字母表制定所隐含的发现，先后推动了语音学和音位学的进步。语义学的遭遇则大相径庭。人们不无羞怯地视语义学对象为"心理实体"，而这一传统定义有碍语义学同心理学、社会学之间的界限划定。

至于其构成成分，相关的术语纷然杂陈——义素、义分、专属义素。这种现象只能表明其处境的尴尬和概念的混乱。在这种情况下，就连最怀善意的语言学家也只能把语义学看作一门仍在寻找自己身份的学科。后来，某种依据行为主义心理学的语言学观念占据了上风，这对语义学无疑是致命的一击。

人们知道布龙菲尔德(Bloomfield)给语言符号下的著名定义(《语言论》)：语言符号是"一个有意义的语音形式"，但"该意义是不可知的"。考虑到这类行为主义观点，人们已习以为常地把语义学本身看作一门没有意义的学科。然而，正如雅各布森(Jakobson)所指出的那样，有些人说"意义问题对他们来说并没有什么意义。但当他们说'没有意义'时，下面两种解释必居其一或者他们知道自己想说什么，而该事实本身就使意义问题有了意义，或者他们不知道自己想说什么，那他们的表述当然没有意义"。

上述三个原因，即语义学研究在历史上起步较晚，其对象的确定所特有的困难和形式主义思潮兴起，起到了决定性作用，也解释了语言学家在意义研究上所表现出来的犹疑不决。所有这一切表明，对于一个意识到意义问题的紧迫性、愿对意义的科学研究所需条件进行思考的人来说,其处境不会顺畅无阻。他必须面对两类困难,即理论困难和实践困难。

理论困难来自工程之浩大:语义学如果要在语言学总体结构中找到它的位置,并带着它的各种公设和主要工具概念融入该结构的话,那它同时必须具备足够的概括性,以便它之尚待构建的方法与任何其他的意义研究相容。换言之,语义学的研究对象虽然是自然语言,但对自然语言的描写属于一门更广泛的意义科学,亦即索绪尔意义上的符号学。逻辑学家和数学家则有理由认为,这类探索尚嫌不够,且过于"定性"。这些逻辑学家和数学家是一个支持和施压的群体,语言学家不得不予以考虑。作者就这样被夹在一些互相矛盾的实际需求之间,只得冒着得罪天下人的风险,选择一条中间道路,以便让双方解其用意:如果说他觉得少了数学逻辑和逻辑学的帮助,语义学显然只能守着自己的一般概念顾影自怜,那么他同样明白,一种语义学启蒙倘若无所作为,不去面对正在经历深刻变化的人文科学,它仍将长期遭受同唱诗班练习曲一样的命运。

(四)语言的等级层次

1.语言集的封闭性

语义学为自己确定的目标是汇集必要而又足够的概念手段,以描写任何一种被视为表意集的自然语言,如法语。这一描写所遇到的主要困难,人们已经看到来自诸自然语言的特殊性。一般说来,对画作的描写可以理解为把绘画语言翻译成法语。但是,从同一个角度看,对法语的描写只能是把法语翻译成法语。如此,研究的对象就混同于该研究的工具,就像被告同时是预审法官一样。

对此,词典编纂学提供了一个或许不尽合适,但极具代表性的例子:任何一部单语词典都是一个封闭的整体,而在其内部,名称寻找定义,永无休止。必须接受这一事实:任何针对自然语言固有意义的研究不超出该语言的框架,结果只能是用一种自然语言来表达习语、程式或定义。承认语义世界的限界意味着放弃把意义定义为符号与事物之间的关系这样的语言观,尤其是拒绝接受参照对象这个附加维度。参照对象是作为一种折中由"现实主义"语义学家引入索绪尔符号理论的,其本身也不可靠,因为它只是对索绪尔结构主义的一种可能的解释。因为参照现实事物以解释符号,此举无异于尝试把自然语言所含的意义转换成非语言表意集,这种转换难以实施,而我们已经看到它具有梦的特征。

2. 意义的逻辑层次

借助现代逻辑学,我们可以建立一种语言等级理论,从而部分地克服由于无法越出封闭的语言域而遇到的困难。如此引入的等级概念应理解为逻辑预设关系,而且像我们已经指出的那样,只能用我们所掌握的手段来定义。预设关系是我们对其一无所知的两个内容之间的关系,而这两个内容可以是两个表意集("画评"集预设了"画作"集),或是任何两个表意切分段。

在表意集内有意义层次存在,承认了这一点,我们便可以区分两个不同的层次,借以给语义研究定位。层次之一是我们的研究对象,按照现有的术语,我们可以继续称其为目的语;另一个层次是语义研究的语言工具,就第一个层次而言,应被视为元语言层次。

有了层次这个新概念,现在我们可以进一步阐述翻译这一概念了。一位评论家谈论绘画或音乐,鉴于他的谈论本身,可以说他预设了"绘画""音乐"表意集的存在。就其看到或听到的东西而言,他的言谈就是一种元语言。故此,不管能指的性质或有关表意集的等级是什么,对其意义的研究,就被研究的表意集而言,总是处在一个元语言层次上。这一层次差别在研究自然语言时更为明显,如可以把法语用做元语言来研究德语或英语,反之亦然。

由此可以提出一个更具普遍性的原则:我们认为,这一转述性或描述性元语言不仅可用于研究任何表意集,而且它本身可以使用一种自然语言。甚至可以进一步思考,对意义的元语言解释是否离不开具体的自然语言,对意义的描写难道不能依赖某种多少有点脱离自然语言的元语言。在这个问题上,按照叶姆斯列夫的看法,必须对科学元语言和非科学元语言做出区分。非科学元语言,如同它所阐述的目的语,是"自然的",如绘画评论语言,作为几代艺术批评家的集体成果,是一个业已存在的、融入法语表意集的子集。科学元语言是构成的语言,也就是说组成该元语言的全部术语构成了一种严密的定义汇编。但是定义汇编的存在仅意味着一件事,即元语言本身被事先确定为目的语,并在一个较高层次上被研究。

为了使语义学元语言亦即唯一与我们相关的元语言被视为"科学"元语言,那就必须事先对构成该元语言的术语进行定义和核对。故此,一种科学元语言的定义设定了一个条件,即它预设一种元语言,或者说第三语言之存在;但人们很快就发现,如果该第三语言不是用来分析既定元语言的话,就没有存在的理由。

现在我们知道了一门科学语义学的条件:它只能被设想为两种元语言通过相互预设达成的结合。这两种元语言,一种是描写的或转译的语言,它能表现目的语所包含的各种意义;另一种是方法论语言,其作用是定义各描写概念,并检验它们的内在一致性。

3. 认识论层次

一种方法论语言的存在,虽然使我们能在特定自然语言内进行语义研究,但看来还不足以将语义学置于各自然语言之上。这一使语义学成为科学元语言的第三层次本身必须通过演绎而不是依靠归纳来构成。我们赞同这个叶姆斯列夫公设,而且可以将公设应用于语法描写,对它们做出阐述。因此,一个形态学概念,如法语里的"未完成过去时",可以通过分析它的分布情况归纳出它的定义。"未完成过去时"概念本身将在描写语言层次上被赋名;一旦被转入方法论语言层次,它的有效性就能在法语的时态、体和语式范畴内得到检验。然而,出于种种显而易见的原因,它不能用来分析其他自然语言,如德语里的未完成过去时。只有在全体语法概念构成一个演绎公理系统的情况下,这些概念才能用做比较形态学或普通形态学的依据。

人们看到,对演绎和归纳的方法论价值所做的检验已经位于一个较高的等级层面,即第四语言层面。因为这里提出的问题实际上涉及两种真理观:一种真理观把内在一致性视为真理,另一种则把与实在事物相符看作真理。因为如果描写是用一种描写语言翻译一种目的语,那么该翻译必须是充分的。它必须符合现实,对我们来说该现实就是目的语。从这一观点看,归纳方法是有效的。但同样可以说,一种归纳描写绝不会超出某特定表意集的范围,也不会达及一般方法论层面。逻辑学,则完全依靠演绎,这一事实绝非偶然。这样在语义学领域,人们又遇到了这些被称作"自然法则"的语言模型和实在事物之间的相符性问题。

在理论上,有时在实践中,模型和实际表达之间始终存在着差距。科学要得以构成,就必须考虑到方法论的两个基本方面,但又必须以演绎为主,并辅之以归纳。人们看到,只同意讨论两个先决条件即演绎和归纳之存在和有效性,这一事实已经把我们置于第四层面,同时提出了一门普通语义学的产生条件,这门普通语义学应能描写任何不管以何种形式出现的表意集,并独立于因方便起见而用于描写的自然语言。在这些条件中,首先是第四层面,亦即认识论语言层面的存在,其次是对处于该层面的语义学描写的有效性之条件进行的分析。

科学语义学以及语义描写(其实就是概念等级系统即语义学的实际应用),只有当它们为分析一种目的语而同时考虑到三种语言时才有可能。这三种语言处于不同的逻辑要求层次:描写语言、方法论语言和认识论语言。

4. 符号标记

我们要说的最后一个问题是符号使用。的确,这是一个技术性问题,但从其应用结果看,却相当重要。数学符号逻辑学以及较后的语言学提供的例子表明:如果有了一套单义的概念,人们不是用"自然"语言而是借助符号和数字来标示这些概念,那么推理就会更加精确,操作也将更为方便。

然而,为了能把这种标记法引入某个领域,需要用这种"符号"。语言翻译的概念的数量就有所限制。到后面我们才会知道这类概念清单是否可能压缩,但不管怎么说,这也是语义学要实现的目标之一。所以,符号表示法本身不是一个发现程序。但符号标示法若能在某个领域中使用,这能间接地证明,经选定的研究道路已经扫清。

第二节 语义学的研究内容

一、语义特征

词语是如此自然和自如地来往于我们心思口耳之间,简直就像是现实世界的天然标记,自然而然的语义切分。当我们观察诸如"狗""书""桌""椅"这类词的意义和它们的指称对象时就更有这种感觉。

其实,语义可以对一切事物进行概念切分,无论它们是某种状态、特性、观念,还是想象之物。我们的语义切分并不一定要以单词的方式存在。从 boy 一词的儿童语义切分习得中可以看出,语义切分还能以元概念的形式出现。元概念是最基本的不可再分的区分概念,标志这种元概念的语义切分单位在乔姆斯基的转换生成语言学中称为"语义区分特征"。 比如,"雨"这个词的语义有下列元概念"降落物""液体""自然小滴形"等。语义学中的语义区分特征相当于音位学中的"音位区别特征"。

语义特征词可以分属互相交叉的语义类,如 woman 属于具有"雌性"这一特性的语义类;child 属于具有"未成年"这一特性的语义类,而 girl 则属于同时具有"雌性"和"未成年"这两个语义特性的交叉类。

此外,词与词之间也有语义联系,而且某些语义特性可以蕴含另一些语义特性,如"人类"这一特性可以蕴含"有生"这一特性。像这样的一些关系可以用与语音特征类似的语义特征来表示,如 woman, father, girl 这些词的词条可做以下这样(并不完全的)的描写:

woman(女人)　　father(父亲)　　girl(女孩)

　＋雌性　　　　　＋雄性　　　　　＋雌性

　＋人类　　　　　＋人类　　　　　＋人类

　－未成年　　　　＋亲本　　　　　＋未成年

　……　　　　　　……　　　　　　……

互相交叉的类具有共同的特征,如雌性人类的类,"人类"和"雌性"两上特征都打"＋"号。可推导的事实,如"人类"蕴含"有生",可以用语义特征的羡余规则来表示。例如:

[＋人类]→[＋有生]

这条规则是指任何词如果包含[＋人类]这一特征,那么它就"自动地"包含[＋有生]这一特征。因此,[＋有生]这一特征不必在father(或 girl, professor, child)的词条中具体标出;它可以由羨会规则从[＋人类]这一特征中推出。某些语义羨余规则揭示"否定的"特性。例如,某物如果是"人类",那么它就不会是"抽象的",一个动作如具是"慢速",那么它就不会是"快速"。因此,我们可将它们表述如下。

[＋人类]→[－抽象]
[＋慢速]→[－快速]

二、语义的分类

谈及语义类型,我们可以联想到多个方面的内容,诸如词汇意义、修辞意义、语法意义、言辞意义、逻辑意义、语境意义、内涵意义、情感意义、反映意义、搭配意义、主题意义等。

(一)语言意义与言语意义

从语言的本质方面来看,语义主要就是两种类型:语言意义与言语意义。前者包括词汇意义、语法意义等;后者包括逻辑意义、语境意义等。

语言意义是相对抽象、概括和稳定的。它通常不会受制于语境。语言中每一个词语都是音义的结合体,一经形成,便成为约定俗成的规约。在这个基础上,词汇意义具有相对的稳定性。而语法意义是语言单位之间发生组合而产生的各种关系意义,以及语言单位与客观现实之间所形成的各种关系意义。语言意义由词汇意义和语法意义构成,它可分析为共时意义和历时意义。前者包含地理方言意义和社会方言意义,后者则包含类比意义和创新意义。

言语意义则是指交流过程中语言在语境中所呈现的意义。它是相对具体的、可变的和临时性的。言语意义可以随交流语境的消失而消失。言语意义由逻辑意义和语境意义构成,它可以分析为字面意义和修辞意义。字面意义是言语层面的直接显示;修辞意义则是对字面意义的偏离,包括讽刺、夸张、隐喻等。

语言意义与言语意义之间存在辩证关系。

第一,语言意义是言语意义的概括与抽象,言语意义是语言意义的个别体现和具体运用。

第二,二者可以相互转化。

第三,语言意义可以呈现多种形式的并列,而一旦进入言语意义,便可以在言语语境的限制下成为单一形式。

（二）反映意义与语法意义

语言意义的类型包括反映意义和语法意义两个方面。

1. 反映意义

反映意义是人们对社会现象、自然现象、心理现象的理性认识在语言中的概括反映。大体说来,它与传统语义学中的词汇意义接近。传统语义学里的词汇意义通常只包括构词语素、实词和固定短语的意义,而反映意义的范围要广得多,要包括比构词语素的语义单位还要小的"义素",也包括比固定短语的语义单位还要大的"义句"和"话语义"。反映意义包括基本意义和附加意义两个方面。

基本意义是语义中的指称意义和系统意义的合称。

指称意义是用特定语音形式所指称的语言单位的内容,可以包括"名称意义"和"指示意义"。比如,"鞋"这个语言单位是指"穿在脚上,走路着地的东西",这是"鞋"的名称意义;"我"是指"说话者本人",这是"我"的指示意义,指示意义的具体内容通常是随着它替代的名称意义的变化而变化的。

系统意义是某一语义单位所反映的指称意义和与它相联系的其他对象的关系意义。比如,"高"所反映的指称意义和"低(或者'矮')"所反映的指称意义之间的关系意义。又如,"鞋子"所反映的指称意义和"靴子""袜子"等所反映的指称意义之间的关系意义。

附加意义是指不能独立存在,只能依附于基本意义的语义,包括感情色彩义、语体色彩义和评价色彩义。

感情色彩义分为褒义和贬义。比如,英语中的ambitious(有雄心的、有抱负的)带有褒义;greedy(有野心的、贪婪的)则带有贬义。语体色彩包括口语体和书面语体,书面语体又可以分为文艺语体、公文语体、科技语体、新闻语体等,各种语体都有各自的特点。天气预报的电视主持人不能说"明天将'清风徐来'",同样苏轼在《赤壁赋》中如果写"一级风吹来"，《赤壁赋》也就不会成为千古名篇。文艺语体适合使用"清风"，而科技语体则使用"一级风"。评价色彩义是言说者对被言说对象的主观评价。例如，当我们说"爱"或者"恨"的时候，明显地包括我们对所"爱"、所"恨"的事物的主观评价。

2. 语法意义

语法意义是语言里各种语法成分在聚合或组合中产生的各种关系意义。语法意义是高度抽象的意义，依附于一定的语言单位，必须由一定的语法形式体现出来。

（三）理性意义、感情意义、语体意义、搭配意义

1. 理性意义

理性意义是人脑对客观世界的概括反映，也叫概念意义，是词义的核心部分。我们研究词义，主要是掌握它的理性意义。概念义具有高度的抽象性和概括性，如"兽"是哺乳动物的通称，有四条腿，全身生毛的脊椎动物。这里只抽象出了"兽"的本质特征和与其他动物的本质区别，把大小、形状、颜色等都舍掉了。这就是它的理性意义。词的理性义是以概念为基础的，但不能因此把词义和概念混为一谈。词义和概念有相互联系的一面，又有相互区别的一面。这表现为如下几点。

（1）词义和概念属于两个不同的范畴。概念属于思维的范畴，它对全人类来讲是共同的；词义则属于语言范畴，具有民族性。当词的理性意义转化为词义的时候，就要接受某种特定语言的结构和词义系统的制约。

（2）概念的形成过程跟词义的形成过程不同。概念的形成是在逻辑思维的过程中进行的，是对客观事物的共同特征进行概括所得出的结果，这是一个抽象、概括和判断的过程。而词义的形成过程则是一种特定语言的历史发展的结果，是它最初的意义和用法不断演变的结果，是语言发展史上多少代人所创作的集体产物。

（3）概念是不带感情色彩的，而词义不但有理性意义，还有感情色彩。

（4）词义以概念为基础，但是在交际中，词义往往同概念不是重合的，而且并非所有的词义都与概念有联系，语言中的感叹词就不表达概

念而只表达说话人的感情和意志。

2. 感情意义

感情意义又叫"感情色彩",指附着于理性意义之上的人们对客观事物的主观评价和态度,主要包括喜爱、憎恶等。通常所说的词义的褒贬就是感情义的重要体现,如"团结"和"勾结"就不同,"成果"和"后果","聪慧"和"狡猾","顽强"和"顽固","鼓励"和"怂恿","爱护"和"庇护","果断"和"武断"等。类似这样的例子,在语言中是相当普遍的。

感情义具有强烈的主观性,是人们根据自己的价值观对客观事物和现象进行的功能评判。这种感情意义是在语言层面之内的,它与在语境中运用语言而临时增加的感情色彩是不同的。另外,它虽然表示的是人的主观态度,但它是使用这种语言的社会集团公认的,它仍然具有社会性。

3. 语体意义

语体意义是词用于不同的语体时所产生的一种附加义,也叫"语体色彩"。由于交际场合、说话者的身份等环境背景因素不同,人们采用不同的语言材料,时间久了就形成了不同的语体。一般分为口语语体和书面语语体。口语中的词义,有生活气息浓厚、通俗易懂、生动活泼等特点,如"黑不溜秋""压根儿""吓唬""溜达"等。书面语体的词义比较正式、文雅、庄重,有较周密的逻辑性,如"散步""告别""致敬""逝世""诚挚""知名度""迫切感"等。书面语的种类较多,还可分为公文语体(如"阁下""务希")、科学语体("功率""脱敏")、文艺语体("恬美""荡漾""梦幻")等。

4. 搭配意义

一个词经常与一些词组合而不与另一些词搭配,由这种组合关系而产生的意义就是搭配意义。

例如,同样表示"叫"的意义,与"狗"组合的是"吠";与"鸡"组合的是"鸣";与"狼"组合的是"嚎";与"虎"组合的是"啸"。"吠、鸣、嚎、啸"这些词因为有这种习惯的搭配而获得了"表示某种动物叫声"的特定意义,这就是搭配意义。"姿势"和"姿态",前者强调的是静止不动的样子,后者则强调动态的样子,所以在搭配时,只能说"他写字的姿势不正确",而不能换成"姿态"。

又如,英语中 tall 和 high 同样是"高"的意思,前者只与表示有生长能力的动物或植物的词搭配,如 tall man(高的人),tall tree(高的树);而后者只与表示没有生长能力的事物搭配,如 high mountain(高山)。high 和 tall 就因此而具有不同的搭配义。

三、语义场

在语义场内,词与词之间的意义是以它们在语义场系统内的地位而变动的,如 captain, lieutenant, commander, mate 处在军衔等级的语义场内,要确定 captain 的意义就依赖于该词与上述词的关系。

在英语里 old(冷)与 hot(热)同处[＋温度]场的两端,表示两种不舒服的感觉,"冷"＝[－热]。在语义场效应下,两个词发生了意义上的场移动,cold meal(冷餐)其实是室内温度下的温暖食品(warm food),因为 warm(温暖)和 cold 都共有一个语义特征[－热]。

波林格曾经举了个英语惯用法的例子:在一般的立体空间的语义场里,"长"应大于"宽"和"高",因此英语母语使用者一般不说"这个长方形,四米长八米宽"(the rectangle is four meters long and eight meters wide),而说"八米长四米宽"(eight meters long and four meters wide)。他们也不说"这面墙四米长六米高"(this wail is four meters long and six meters high),而说"这面墙,六米长四米高"(this wall is six meters long and four meters high)。但是,当他们描述一座建 筑物正面形态时,即在"建筑物构造"语义场里,却可以说"这建筑物正面,四米长八米高"(the facade of this building is four meters long and eight meters high)。这表明在语义场效应下词汇的搭配期待也有了微妙的变化。

四、语义关系

(一)多义关系

单词在人们创造之初往往是单义的,用以表示一定的事物、现象、性质或者行为,但是在语言发展的过程中,逐渐获得新的意义,这样便形成了词汇的多义关系或一词多义现象。一词多义在英语中是十分普遍

的现象。除了一些专门的术语以外,单义词在英语中比较少,大多数的英语词都属于多义词。例如:

根据《朗文当代英语大辞典》,get 一词便有以下词义。

to receive or to experience

to obtain or acquire

to reach the start of an activity

to bring(something)to a start

to(cause oneself to)become

to be/become(used like the PASSIVE)

to bring(into a certain state)

to cause to do

to move to or arrive at

to put or move into or out of the stated place

to succeed in(doing)

to prepare(a meal)

to catch(an illness)

to understand

to annoy

to excite or cause strong feeling to

to hit

to find and hear(a radio or television station)

to defend(someone)in an arrangement

多义关系的出现通常有辐射(radiation)和连锁(concatenation)两种过程。

辐射指的是词义在发展过程中其原始意义发展出来的次要意义就犹如射线向四周扩散一样始终离不开中心意义。例如,face 一词所发展的次要意义:

the expression of the countenance 面部表情

a surface of a thing 物体的表面

the side or surface of a thing 有标记的侧面或表面

the appearance/outward aspect/resemblance 外表 / 外面 / 相似

dignity/self-respect/prestige 面子 / 自尊 / 名望

the topography of an area 地形,地势

the functional and striking surface 工具或高尔夫球杆等的打击作用面

连锁指的是一个词的词义从原始意义连续转化,逐渐远离原始意义直到在很多情况下出现了最后产生出的义项与原始意义没有任何联系。例如,candidate 一词源于拉丁语 candidatus(＝ white-robed,穿白衣的),原始意义指 a person dressed in white(穿白衣的人),后用来指 a white-robed seeker for office(穿白衣的谋求公职者)。这与古罗马的风俗有关,当时凡候选人参加选举时均需穿上白衣。随着语言的发展,"穿白衣的"这一原始意义丧失,只保留"候选人"这一词义。

(二)同形或同音异义关系

同音或同形异义关系(homonymy)指的是两个或两个以上的词同形或同形同音或同音而意义不同的语言现象。

1. 同形同音异义词

同形词音异义词(perfect hyponym)指的是在拼写和读音上完全相同而意义不同的词。例如:

fair: attractive; beautiful; lovely

fair: a gathering of people held at regular intervals for barter and sale of goods

lie: make a statement that one knows to be untrue

lie: be, put oneself flat on a horizontal surface or in a resting position

sound: what is or may be heard

sound: healthy, not diseased or injured or rotten

sound: measure the depth of(esp. the bottom of a body of water), as by using a weighted line

同形同音异义词和多义词是有区别的(尽管它们在拼写和读音上是相同的),其区别在于多义词是具有几个可区别义项的同一个词,而同形同音异义词是形式上偶然相同的不同单词;此外,同形同音异义词有着不同的词源,而多义词只有一个词源,在词义的发展过程中获得了不同的意义而已；而且多义词的词义与其中的意义都会有着或多或少的联系，而同形同音异义词则没有。

2. 同音异义词

同音异义词（homophone）指的是具有相同的发音而拼写与意义却不同的单词。例如：

sew（缝纫）—— sow（播种）

dear（亲爱的）—— deer（鹿）

meet（遇见）—— mete（边界）—— meat（肉）

right（正确的，右边）—— write（写）—— rite（仪式）—— wright（工匠）

3. 同形异义词

同形异义词（homograph）指的是有着相同拼写不同读音而且意义不同的词。例如：

tear: drop of salty water coming from the eye

tear: pull sharply apart or to pieces

bow: bending the head as a greeting

bow: the device used for shooting arrows

sow: scatter seeds

sow: female adult pig

lead: guide or take（esp. by going in front, etc.）

lead: easily melted metal of a dull bluish-grey color

（三）同义关系

在英语中，同一个意义或概念，有时往往可以有一个以上的词来进行表达，如 head，chief，boss 和 leader 都可以用来表示"头儿"，这种语言现象就叫作同义关系，处于同义关系中的词叫作同义词。

同义词可分为绝对同义词和相对同义词。

绝对同义词指的是各方面意义完全相同的词，也就是说语法意义、词汇意义（包括概念意义和关联意义）都完全相同。这一类同义词可以说是凤毛麟角,主要是一些专门的术语。例如,语音学中的 fricative/ spirant(摩擦音)和 breathed consonant/voiceless consonant(清辅音); 词汇学中的 word-formation/word-building(构词法)和 compounding/ composition(复合构词法);医学中的 malnutrition/undernourishment(营养不良)和 caecitis/typhlitis(盲肠炎);化学中的 toluene/methylbenzene(甲苯)等。

相对同义词指的是基本意义相同或相似的词。例如,stagger(摇摆地走),reel(蹒跚),totter(踉跄)都含有 walk with difficulty 这一基本意义,然而它们的具体意思却有细微的差别。

stagger 是以失去平衡和无法保持固定的方向为特征。例如:
stagger under a heavy load 在重压下走路不稳
reel 是指显得走路蹒跚或几乎要跌倒。例如:
The drunken man reeled down the hall.
醉汉跌跌撞撞地向大厅走去。
totter 是指身体虚弱的老人徘徊或婴儿无把握的脚步。例如:
totter along the road 在路上踉跄地走着

(四)反义关系

反义关系指的是词与词之间存在着的相反或对立语义关系,形成这种关系的词称作反义词。

1. 绝对反义词

绝对反义词,又称"矛盾反义词",指的是所形成的反义关系是真正反映意义上的不同。这样的两个词词义完全相互排斥、相互否定,没有中间状态。也就是说,这一类反义聚合在意义上相矛盾或绝对相反,具有非此即彼或非彼即此的特性。对这些反义聚合肯定其中一个就势必否定另外一个,若否定其中一个也就势必肯定另一个,二者必居其一,绝不允许有第三种意义出现,或者说,这种反义聚合的中间不允许插进表示层次对立的词语。例如,true 和 false 这一对反义聚合,true 自然就是 NOT false,false 一定是 NOT true;NOT true 一定是 false,NOT false 一定是 true。类似的例子还有 agree/disagree, alive/dead, perfect/ imperfect, right/wrong, accept/reject, like/dislike, single/married, male/female, boy/girl, present/absent, same/different 等。也有人将这类反义词叫作互补反义词,因为它所反映出的是反义聚合的互补特性。

2. 相对反义词

相对反义词首先指的是反义聚合形成两极,语义的两极相比较而存在,具有语义的相对性。一个典型的例子就是 hot 和 cold,我们可以说"The water in the bottle may be hot or very hot. The water in this bottle may be hotter than that in the other. One may be cold or very cold. One may be colder than the other."其次,它反映出反义聚合两项意义的连续性。也就是说,反义聚合的两极中间可以插进表示不同程度或不同性质的反义聚合,体现语义对立的层次性。例如,在 beautiful 与 ugly 之间可以插进 good-looking 和 plain-looking。

（五）上下义关系

上下义关系,也称为"语义内包关系",指的是一种语义包含现象。也就是说,表示更为具体意义的词被包括在表示更为概括意义的词之下。表示概括意义的词称为上义词或上坐标词或支配词,表示具体意义的词称为下坐标词或下义词或受支配词。上义词和下义词之间的包含关系实际上就是属概念和种概念之间的关系。

例如,animal 是属概念,dog 是种概念,animal 的概念包含在 dog 的概念中。animal 是上义词,dog 是下义词。上义词支配下义词,上义词的语义包含在下义词的语义中,下义词的语义包含上义词的语义。dog 的语义包含 animal 的全部语义。

又如,vehicle 和 car, lorry, coach, van motor-scooter 的关系是上义词和下义词的关系。有时,在英语中,某一个词相对一个词来说是下义词,而相对另一个词（或一些词）来说却又成了上义词。例如,plant 一词相对 living thing 来说,它是下义词,而相对于 bush, flower, tree, shrub 等来说却成了上义词。同样这当中的下义词 flower 如果相对于 rose, tulip, cowslip, mullein 来说则又成了上义词。同样地,animal 和 sheep 在下列关系中也一样：living thing—animal—sheep—lamb。

五、语义异常

如果谈话中有人对你说这样一句话。

My brother is an only child.

我兄弟是独子。

你也许会认为他是在开玩笑,或者就是他根本不知道自己正在用的词的意义。你知道这句子很怪,或有点异常,但它仍不失为一个英语句子,它符合英语的所有语法规则。其所以奇怪,是因为它表达了一个自相矛盾的意思。brother(兄弟)的意义包括所提到的这个人是至少有一个兄弟或姐妹的男子。

同样,下面这个句子也是异常的。

That bachelor is pregnant.

那单身汉怀孕了。

bachelor(单身汉)一词具有"雄性"这一语义特性,而 pregnant(怀孕)则有语义特性"雌性",用语义羡余规则表达,pregnant 还可以标记为[－雄性]。这一句子的异常在于其试图将[＋雄性]事物与[－雄性]事物等同起来。词的语义特性决定它们可以和其他哪些词相结合。

语言学家们常用下面这个句子来说明这一事实。

Colorless green ideas sleep furiously.

无色的绿色思想愤怒地睡觉。

这个句子看起来完全遵循英语的句法规则,其主语是 colorless green ideas(无色的绿色思想),谓语是 sleep furiously(愤怒地睡觉)。它与下面这个句子具有同样的句法结构。

Dark green leaves rustle furiously.

暗绿色叶子哗哗猛响。

但前一句在语义上显然有点毛病。colorless 的意义包含"无色"这一语义特性,然而它却又与形容词 green 相结合,后者具有"绿色"这一特性。某物怎么可能既是"无色"而同时又是"绿色"的呢?

第三节　语义学理论在英语教学中的应用策略

一、语义成分分析法

在英语教学中,要想更好地解释词义和区别同义词就应该引用语义成分分析理论。一个词的意义往往是由不同语义成分构成的,如果将一个词的词义成分开列出来,将可以帮助学生全面掌握这个词所代表事物的特点,进而准确地理解词的内涵。例如,stalk,strut,pold 和 limp 都有"走"(walk)的意义,但如果对其进行语义成分分析,就可以发现它们有如下不同。

stalk:to walk stiffly, proudly, or with long steps

strut:to walk in a proud strong way, especially with the chest out and trying to look important

plod:to walk slowly along (a road), especially with difficulty and great effort

limp:to walk with an uneven step, one foot or leg moving less than the other

运用语义成分分析理论还可以解释修辞格。例如,在讲授拟人修辞格时,教师就可以运用语义成分分析这一理论进行说明。Personification 是指在一个词语中加入 [human] 这一语义成分,使其"人格化"。例如:

The center of the ring yawned emptily.

圆圈当中打哈欠,空心的。

Words strain, crack and sometimes break, under the hurden, ...will not stay in place, will not stay still.

词语在重负下绷紧,爆响,偶尔断裂,不再坚守岗位,不再原地不动。

另外,语义成分分析理论也有利于提高学生对两种语言对译的能力。例如,在翻译"臭名远扬的"时,就要选 notorious 这个词,因为其有贬义色彩,意思为 widely but unfavorably known,而不应选 famous。

二、确定语义关系

在英语教学中,教师还可以利用语义关系向学生传授英语知识。这样不但能帮助学生明确区分词汇意义,加深学生的印象,而且能扩大学生的词汇量。语义关系包含多种类型,下面仅对同义关系、反义关系和上下义关系在英语教学中的运用进行探究。

（一）同义关系的应用

在英语教学中,教师可以运用同义关系帮助学生理解和学习新单词,指通过已学过的比较简单的单词教授新的比较难的单词,如fantasy—dream, prohibit—ban, flair—talent 等。

此外,教师也可以运用同义句转换教授词汇,即要求学生在较短的时间里,用最接近的词语替换原句中的词语,表达最相近的意思。运用这种教学方法,不但可以测试学生的理解能力,培养他们的语感和悟性,而且可以提高学生的语言表达能力,激发他们的学习积极性。

教师也可以借助语义理论让学生明白,尽管英语中有很多同义词,但是完全相同的同义关系非常少。很多同义词存在意义、语体、情感、语境等方面的差异。例如,"老子曰:胜人者有力,自胜者强。"的译文是:"He who conquers others has force; he who conquers himself has strength." 虽然译文中的 force 和 strength 是同义词,均表示力量,但也存在细微差别。force 通常表示外部力量,而 strength 则表示内部力量。在该原句中,第一个"胜"指的是战胜别人的力量,表示外部的力量,所以用 force;第二个"胜"指的是战胜自己的力量,所以用 strength。

（二）反义关系的应用

反义关系是一种对立关系,其包括等级反义关系,如 good—bad, big—small, long—short；互补反义关系,如 male—female, alive—dead, innocent—guilty；方向反义关系,如 sell—buy, lend—borrow, parent—child。在英语教学中,教师可以引入反义关系讲解词汇知识,让学生清楚地理解单词意思。

尽管教师习惯用近义词解释词义,但有些单词用反义词来讲解更容易被理解。例如,rude 一词的意思是"粗鲁的、无礼的、狂躁的"。在讲解这一单词时,要找到一个近义词去形容它就很难,但用反义词 polite 来解释就容易多了,学生可以很容易就理解其意思,并且深深地记住。

（三）上下义关系的应用

上下义关系就是意义的内包关系,如 desk 的意义内包在 furniture 的意义中。对此,教师可以根据上下义关系开展英语词汇教学。例如,在讲解 subject 一词时,教师可以引申出其下义词 mathematics, physics，chemistry，geology，biology，geography 等。学生通过梳理词与词的上下义关系,掌握新学单词,巩固学过的单词,提高词汇学习的效率。

此外,借助语义关系开展英语词汇教学除了可以帮助学生理解和掌握单词,还能帮助它们更好地理解长句子,培养学生的逻辑思维能力。例如:

People who were born just before World War I remember waving at automobiles as they passed. Seeing a car was like watching a parade—exciting and out of the ordinary.

当读完这段文字后,可能有些学生不清楚 automobile 的意思,但通过分析语义关系就可以很容易判断出该词与 car 有联系,从而帮助学生理解该词的意思。

第五章
语用学理论理论指导下的英语教学策略

　　语用学是一门系统性学科,是语言学的一个重要分支,其主要是对语言的运用与理解展开分析。随着语言学与英语教学研究的深入,很多学者开始从语用学角度对英语教学展开研究,以开拓新的研究视角,并提升英语教学的效果。本章就对语用学理论指导下的英语教学策略展开研究。

第一节　语用与语用学

一、什么是语用

　　语用,指人们在一定的语境中对语言的具体运用。语言是人类最重要的交际工具,只有在具体的运用中,语言才真正能实现其价值,起到表情达意和交流思想的作用,否则只能作为一种摆设。例如,"Today is Sunday."(今天是星期天。)这是一句很简单的话,但是离开了具体的语境,Today 这个概念的意思含糊,因为每一天都可以被人指称为"今天"。从整句话看,离开了语境,也只能表达出"某一天是星期天"这个意思。但是,如果把这句话放入以下具体的语境,那就远远不只是这个意思了。

　　(1)一个男孩早就希望父亲带他去动物园,可平时父亲工作忙,抽不出时间,到了星期天,看到父亲好不容易有空,孩子坐不住了,对父亲说道："Dad, today is Sunday."

（2）儿子工作很忙，经常早出晚归，周末也经常加班，而且由于潜心工作而耽误了找对象，眼看着年龄一天天大了，父母看在眼里，急在心里，一个星期天早晨，本来说好了要去相亲，可临时公司又有事，这时妈妈说："今天是星期天。"

（3）一对夫妇，丈夫很懒，从不干家务活儿，但答应妻子星期天帮忙做点儿家务，可星期天到了，丈夫却睡了个懒觉，起来后，又像平时一样打开电视机，这时妻子生气地说："Tom, today is Sunday."

情景（1）中，today is Sunday 表达了孩子对父亲的请求，希望父亲能带他去动物园玩儿；情景（2）中，"今天是星期天"表达了母亲对儿子的提醒以及自己心中的担心；情景（3）中，表达出妻子对丈夫的不满，含蓄地命令丈夫去干活儿。显然，这句很简单的话在不同的语言环境中还可以表达多种不同的含义。相同的句子在具体的语境中往往会有不同的运用。有时候，人们说话时要表达的意思往往不局限于所说语句的字面意义。由于说话的场合、对象不同，所说的语句和结构甚至会出现与所表达的意义毫不相干的情况。在这种情况下，听话人就要听懂说话人的言下之意、弦外之音，要明白说话人的意图到底是在直言不讳还是话中有话、指桑骂槐。所有这些，都是在具体语境中语言运用的结果。

二、什么是语用学

语用学（Pragmatics）是语言学的一个新领域，是研究语言运用的科学。语用学这个术语最早产生于哲学研究领域的符号学。经过有关语言哲学家近四十年的研究，1977 年，在荷兰正式出版了《语用学杂志》（*Journal of Pragmatics*），从此语用学作为一门语言学分支学科被世界语言学界所承认。语用学为语言学研究开辟了一个全新的领域，为解决一些原来句法学和语义学难以解释的问题找到了突破口。1983 年，莱文森（S. C. Levinson）的第一本语用学教科书《语用学》（*Pragmatics*）的出版和 1986 年"国际语用学会"的成立标志着语用学走向兴旺和成熟。20 世纪 80 年代至今，语用学得到进一步的发展和充实。

目前，语用学领域的研究可划分为三大类型：纯语用学（Pure Pragmatics）、描写语用学（Descriptive Pragmatics）和应用语用学（Applied Pragmatics）。纯语用学探讨语用学的形式和范畴，运用逻辑、数学的符号和公式对语义解释进行形式化的处理,但它却不能直接解决在不同的语言交际环境下如何理解和运用语言的问题。描写语用学研究在语境中有效使用语言和正确理解语言的能力,具体包括对一种语言与情景结合而出现的种种用法的描写,对人们来自经验的有关自然语言的应用原则的描写,分析自然语言如何与语境相联系,同时述负担解释句子或话语中词语和结构意义受语境制约的种种因素。应用语用学指语用学的方法和原理不单只普遍地应用于语言学各核心学科,还广泛地应用于与理解话语有关的所有领域。例如,应用于文学、修辞学的研究,语言交际的实用性研究以及语用学与应用语言学诸方面结合的研究,包括语言教学、人—机对话、人际交往中的障碍研究等。

第二节　语用学的研究内容

一、会话含义理论

会话是一种社会交往。它是由发话者和受话者积极参与并相互协作而产生的。会话分析的基本目标是要弄明白发话者想要表达什么,而受话者又是怎样理解他的意思并做出反应的。

（一）会话结构

20 世纪 70 年代初,美国社会学家萨克斯、谢格洛夫和杰斐逊创立了民族会话方法学,提出要用会话者本人的方法来分析会话。他们从大量的自然会话语料中抽象出一些基本结构。莱文森充分肯定了这一学派的研究,并对会话结构做了极为详尽系统的总结。民族会话方法学揭示出许多话语的意义可从其所处的序列环境中去发掘。这一学派所采用的分析方法十分严谨,对会话程序一步步地加以筛选,找出其中反复出现的结构,予以规则化。但迄今为止,很少有人做其做语种的同类研究,因而上述会话结构具有多大的普遍性,尚待深入探讨。

甘柏兹认为,会话分析应当弄清说话人的话步（move）序列结构,就像分析句法首先得弄清子句的界限一样。然而,要想知道言语交际是如何进行的,不能只看其结构,还必须研究双方是怎样从对方的话步上推断会话意义的。请看会话分析者常举的一个实例。

A：Why don't we all have lunch？（咱们干嘛不一块儿吃顿饭？）

B：Okay，so that would be in St Jude's，would it？（好啊，就在圣·贾德，对吗？）

A：Yes（pause）.（对）（停顿）

B：Okay，so...？（好吧，那么……？）

A：One o'clock in the bar.（一点钟在酒吧间。）

B：Okay.（好的）

A：Okay？（好吗？）

B：Okay，then thanks very much indeed，George.（那么好吧！乔奇，太谢谢了。）

A：All right.（没什么。）

B：See you there.（那儿见。）

A：See you there.（那儿见。）

B：Okay.（好。）

A：Okay，bye.（好，回头见。）

B：Bye.（回头见）

这一话段是两人在打电话结束时说的。莱文森指出，它包含四个基本步骤。

（1）结束某个话题。

（2）双方同意结束谈话。

（3）重提结束话段前说的事。

（4）最终交换结束语。

整个序列是由邻接应对构成的，如提问—回答、提议—接受、道别—道别。有意思的是，实质性部分只有6轮话（以下用T代表话轮），而告别礼仪却占了8轮话。如何解释这种现象？甘柏兹认为，这一结束序列是会话双方不停地交流、推断的产物。仅从形式上看，似乎有的Okay没有什么实质意义，而从内容上去推敲，它们是有含义的。例如，当A确认要共进午餐后，会话停顿了一下（T3），B于是说Okay，So...？A的回答（T5）表明他理解B的话，（T4）是想知道更多的情况，B说Okay（T6）确认了A的理解是对的。当A接着用发问的口吻说Okay，意思是还有什么要想知道的，B没有问什么而向他道谢，大概是为了以前的什么事，A的回答（T9）确认了这一点。接着双方同时说See you there 要结束谈话,又说 Okay 互表同意,最后又同时说 bye 道别。这就是说,会话分析不能脱离上下文,每一话步都是对上一话步或更早的话步所做出的反应,同时又被估量意思而引发出下一话步,如此一步一步地使得会话进行下去。因此,不能静止地看待会话结构,而要随着会话者的言语交往考察其发展过程。

（二）会话策略

甘柏兹认为,会话分析要抓住会话中的"语境化暗示（contextual-ization cue）",就是说话人示意而听话人解释该活动是什么、如何理解语义内容以及每个句子如何和前后句相联系的种种手段和特征。

怎样去发现情景化暗示或称会话策略（conversational strategy）呢? 我们用实例来说明。下面是一位黑人学生和他的白人导师之间的一段对话,这名学生是他的科研助手,正在办公室里忙着写东西,导师从不远处经过。

Student：John, help me with this. I'm putting it all down.

Supervisor：What is it ?

Student：I'm almost done. I just need to fixit up a little.

Supervisor：What do you want me to do ?

Student：I'm writing down everything just the way you said.

Supervisor：I don't have the time right now.

研究人员把会话录音放给一些评判员听,他们中有的人与会话者的背景相同,有的则不相同。然后问他们怎么理解会话中的问答应对,再用诱导法了解说话人的认识和推断过程。譬如,假定有人回答说：A 在提请求,研究人员就问 A 的什么说法使你认为你能重复 A 的说法吗? ——还有别的说法吗? 假如他……,他会怎么说? ——B 是怎样理解 A 的说法的? 你怎么知道他是这样理解的? 等。这些提问的主要目的不是为了估价评判员的回答是否正确,而是要把人们对信息的理解与传递信息的形式挂上钩。评判员对会话主旨的理解显然是不一致的。有人认为学生没有把他在干什么和他要导师帮他干什么说清楚,这是不妥的；有人则认为导师追问他要他干什么是不合适的,一致的质问是：为什么导师不在开头就说他没有时间? 经过一番追索,可以看出上述分歧意见触及两种不同的会话策略：就白人导师来说,提问是想获得明确的答复,当两次询问学生要他帮什么忙却得不到答复时,觉得对方无礼,因而拒绝了他的请求;而在黑人学生的眼里,对方如果友善的话,就会猜想到他需要什么而主动帮助的。后一种会话策略在家庭成员或同龄伙伴之间是经常使用的。这里正是那些与黑人学生的背景相同的评判员看出了学生的谈话方式所蕴含的意义。两种不同的会话策略反映出两种不同的社会文化规约。

会话双方由于各自所遵循的社会文化规约或会话策略不同,即使在语言上没有障碍,也有可能产生隔阂,导致交际的失败。

二、言语行为理论

(一)言语行为理论分析

言语行为理论(Speech Act Theory)是由英国牛津大学的一位哲学家约翰·兰·奥斯汀(John Langshaw Austin,1911—1960)首先提出的。他率先注意到说话作为人际交往的一部分所起到的多重功能。在他逝世前5年,即1955年,他在美国哈佛大学做了题为《论言有所为》(*How to Do Things with Words*)的一系列讲座(共12讲),在这一系列论述中,他推翻了"逻辑—语义的真值条件是语言理解的中心"这个观点,建立了言语行为理论。

奥斯汀认为传统语法把句子分为不同的类型如陈述句、祈使句、疑问句等,但是这些句子在不同的语境中有不同的功能。例如:

Would you pass the glass of port ?

把那杯葡萄酒递过来,好吗?

从形式上看,这是疑问句,但视场合和说话意图的不同,它可以是简单的一个问题,也可以是一个刻意的请求,甚至还可以是一个严格意义上的命令。当然,屡见不鲜的情况还有:陈述句未必就是在陈述。请看下面的例句:

I promise to take a taxi home.

I name this ship The Flying Dutchman.

I bet you five pounds that he get's breathalyses.

I warn you that legal action will ensue.

I declare this meeting open.

（二）奥斯汀的"言语行为三分说"

奥斯汀指出,千万不要误以为言语行为是单一的行为,它是由若干复杂的次言语行为组成的,言语行为可再细分为如下三类。

1. 以言述事

以言述事由发出的声音和组成的词语这两个部分构成。发出声音未必就能够组成词语。奥斯汀（《论言有所为》,1962）指出:猴子可以发出一个类似"/gau/"的声音,但不能因此认为它会说英语词语 go,但是词语必须由声音传递。用 X 表示以言述事,用 X_0 表示声音,用 X_1 表示词语,我们得出的符号公式就是:

X_0 不都是 X,但 X 必须含有 X_0

在此,我们不妨引用奥斯汀书中的例子来做进一步的说明:

He said to me, "Go ahead!"

句中的"Go ahead!"是用声音说出来的,这些声音已组成两个词语,能表达出意思,是 X_1。

The doctor told the patient to say "Ah-".

句中的"Ah-"也是用声音说出来的,但这只是声音而已,是医生为检查病人咽喉而要求病人发出的声音。尽管它与英语的感叹词 Ah 的发音相近,但它不是感叹词 Ah,因此并没有什么意义,是 X_0。

事实上,X_1 包含了有意义的词汇,也包含了组词成句的语法,同时也涉及语调。以言述事主要还是指 X_1,只发出声音而无意义（X_0）的情况也是有的,只是颇为少见。但有一种情况值得注意:X_1 要用声音发出来,那就不能排除它可以像 X_0 一样被模仿、被重复。通过有意模仿发出的 X_1,就有可能丧失原 X_1 的部分意义或全部意义,其作用实际上已着重于声音,而不是组成词语表意,这样就得出另一个符号公式:

X_1 降低为 X_0

我们再引用奥斯汀《论言有所为》一书中的例句对此加以说明。

Kane said to "shoot her".

假设说话人当时并没有听 Kane 的话去枪杀她（shoot her）,事后,又在其他人的面前以调侃或嘲弄的口吻模仿 Kane 的腔调,重复 Kane 说的话,这种模仿出来的词语本身仍有意义,是 X_1,但其作用已降为 X_0 了,它失去了原话的意义。

综上所述,以言述事作为言语行为,可做如下归纳。

$$X = X_0 + X_1$$
$$X = (X_0) + X_1$$
$$X_1 \rightarrow X_0$$

2. 以言做事

以言做事旨在说明说话人的用意,即说话人的话语所表达的功能。关于这一点,奥斯汀用了这样一个公式:

In saying X, I was doing Y.

Y 指以言做事。

再如:

He said to me, "you can't do that."

X = You can't do that.

Y =警告

我们将此代入奥斯汀的公式中,得出:

In saying "you can't do that", I was issuing a warning.

这里的 saying "you can't do that" 是以言述事,是 X,而 warning 指以言做事,是 Y。英语的所谓 illocutionary 就是 in-locutionary,其中的 in 就是公式中的 in saying 的 in,有言内做事之意,表示 Y,是存在于 X 之中的言语行为。奥斯汀以及他的后继者哲学家、语言学家塞尔(John. R. Searle,1938—)对这种言语行为有较多的论述和修正。最初,奥斯汀认为以言做事的行为有个显著的特征,即都以人称代词"我"开始,接着他又确定这种人称代词无非是明示的行为句(explicit per-formatives),还应有隐含的行为句(implicit per-formatives)。例如:

(a 句为明示句,b 句为隐含句)

a.I order you to shut it.

b.Shut it.

a.I promise I'll be there.

b.I'll be there without failure.

a.I conclude that it is true.

b.Therefore, it is true.

a.I warn you the bull will charge.

b.There is a bull behind you.

不难看出,无论是明示的行为句还是隐含的行为句,它们的功能并无二致,它们都是以言做事的行为。但是这样的分类有着明显的不足,以上面的最后一个例句"There is a bull behind you."为例,我们可以把它看成是一次警告,但也可以说它是一句可辨真伪的叙述句。依此类推,所有叙述句都是一种完成叙述行为的、隐含的行为句。例如:

The earth is round.

此句等于是在说:

He states that the earth is round.

因此,奥斯汀和塞尔最终都不再去计较叙述句与行为句的区别,而是去研究以言做事的言语行为的类别。然而,类别的划分又是相当困难的,因为动词的意义通常不太容易区分,而说话者的意图又往往不是显而易见的。

3. 以言成事

言语行为一旦能够以言做事,就可能产生"言后之果",即实现以言成事。也就是说,当说话人所表达出来的意思或用意会给听话人、其他人甚至说话人本人带来影响,从而导致某种感情、思想或行动。奥斯汀对以言成事的解释公式是:

By saying X, I did Y.

还是以下面这个例子进行说明。

He said to me, "you can't do that."

X = you can't do that

Z =使害怕

我们将此代人奥斯汀的公式中,得出:

By saying "you can't do that", I frightened someone.

这里的 saying "you can't do that."是以言述事,是 X,而 frightened someone 是以言述事所产生的结果,即让听话人感到害怕,以言成事,是 Z。英语的所谓 per-locutionary 一词中的 per 就是公式中的 by,有"通过"之意,per-locution 就表示 Z 是通过说 X 而得到一定结果的言语行为。为严格区别以言做事的公式和意义,也为了使以言成事的公式和意义更

加明确、更加清晰,毛利可信(1980)将奥斯汀的公式解释为:

By saying X and doing Y, I did Z.

根据这一公式,我们就得出:

By saying "you can't do that" and (thus) is suing a warning, frightened someone.

所谓以言成事,就是成 Z 之事,它是通过说 X 和实行 Y 而得到的结果。

以言成事的表达方式可能数以千万计,而且人们自 20 世纪 70 年代后期就已经开始进行了多种尝试,希望把它们分成为数不多的几种类型,如说服、鼓舞、恫吓、欺骗、满意、恼火、留下印象、感到窘迫、引入歧途等,根据学者们的研究成果,我们将以言成事划分为两种基本类型。

(1)说服型

说话者通过摆事实、讲道理,使听话人心悦诚服,取得与说话者一致的看法或使听话人妥协、让步,按说话人的意图行事。例如:

He got me to shoot her.

He brought me to my sense.

Let me carry your suitcase.

(2)感受型

说话人做出允诺邀请、断言等,结果让听话人感到放心、高兴满意、恐惧、恼火。例如:

It is not possible for you to go to college.

I doubt whether there is much hope for you.

I'll pick you up at the station.

奥斯汀认为言语行为并不是单一的,同一句话可以从三个角度去分析。例如:

I promise to come.

它可以是以言述事(X),这就是只使用某一语言结构,并不传递任何交际意图。它也可以是以言做事(Y),做出一次允诺。它还可以是以言成事(Z),说这句话让听话人感到高兴。此外,以言做事和以言成事两者有本质上的不同。以言做事(Y)的特征是:发出话语 X,同时就实行 Y,可以说是 X = Y。在一般情况下,如果话语发出来,说话人又没有要实现 Y 的用意,X 只能是 X_0。至于以言成事(Z),它的产生是 X + Y 的结果,所以它是不同于 X 和 Y 的另一种言语行为。它成立的条

件多变,而且具有主观性。事实上,任何一个句子在一定的背景里都可以起到以言成事的作用。例如:

How are you？

如果一个人深夜在荒野独自行走,突然听到这句话,定会胆战心惊的。既然每一个句子都可以产生以言成事的效果,那么这种效果就与句子的内在的性质无关。因此,有的学者对它的研究兴趣远不如对以言做事。

（三）塞尔的言语行为划分

塞尔在《言语行为分类》(*A Classification of Illocutionary Acts*)一书中设立了五种基本类型,这是一种影响较大的分类方法。

1. 表述型

说话者必须在不同的程度上对陈述的真实性予以充分地保证,从而做出估计、判断、鉴定、赞许、否定、责难、汇报等。例如:

I should call him industrious.

I interpret this as insulting.

This is your fault.

Your behavior is quite inexcusable.

2. 指令型

说话者试图让听者做某件事,于是发出指令、劝告、任命等以实施权力,施加影响。例如:

I resign my post as manager of...

I nominate J. F. Kennedy for the presidency.

I declare war.

3. 受约型

说话者在不同的程度上对行为的某一过程做出保证,诸如表示决心、承担义务等。例如:

I promise to do my best.

I pledge myself to fulfilling the task ahead of time.

4. 表达型

说话者对某些事情的状态进行表态,表达歉意、悔恨、感谢、祝贺、欢迎等。例如:

I am sorry.

Thank you.

Bid you farewell.

You are welcome.

Congratulations!

5. 陈述型

说话者通过言语表达社会地位或客观条件以及情况变化,也可以陈述观点、宣布决定、报告经过等。例如:

Let me report the case.

I accept your proposal.

My answer to this question is "No!"

三、礼貌原则

(一)礼貌理论分析

关于礼貌的理论研究在社会交往中,礼貌是维护公共秩序,促进人际关系的一个不可缺少的因素。

格赖斯(Paul Grice)提出,会话中说话人和受话人双方都应遵守"配合原则",他将该原则分成以下四个准则[①]。

(1)质量准则,即不说相信是错误的事情,不谈缺乏足够证据的事情。

(2)数量准则,即所提供的信息满足并且不多于会话的要求。

(3)相关准则,即所说的话必须是有关的。

(4)方式准则,即说话应简洁、有条理,避免模糊、歧义。

利奇(Leech)也对格赖斯模式做了补充和发展。他认为人们的言

---

① Grice, H. P. Studies in the way of words[M]. Beijing: Foreign Language Teaching and Research Press, 2002.

语行为受"语篇修辞"和"人际修辞"的支配,它们各自由一套准则构成。"人际修辞"由得体、慷慨、赞誉、谦逊、一致和同情等六个准则(或更多的)构成。

（二）利奇的礼貌原则

人们在语言交际中,为什么要有意违反合作原则呢? 合作原则的违反仅仅是为了让听话人推导出说话人的会话含义吗?

利奇(1983)指出,人们在交际中违反合作原则,最根本的考虑是他们要遵守另一条重要的原则——礼貌原则(Politeness Principle,简称PP)。

利奇提出了六项礼貌准则。

1. 得体准则

（1）使他人受损最小。
（2）使他人受惠最大。
例如：
Clean up the kitchen floor.
Peel these potatoes.
Pass the salt.
Take a look at this.
Have some more cake.
从以上例句的排序可以看出,说话人让听话人吃亏越少,受益越多,说话人说的话就越有礼貌。排序按递增的礼貌程度排列。

2. 慷慨准则

（1）使自己受惠最小。
（2）使自己受损最大。
例如：
Would you like to have another sandwich ?
Please have another sandwich.
Do have another sandwich.
You must have another sandwich.
第一个例句让听话人有较大的选择余地,因而显得疏远和冷漠,大有"接受与否并不在乎"的心态,因而理解为不够礼貌;而最后一个例句则直截了当,不容拒绝,显示出说话人那种近乎强求的热情,因而认为是好客的表现。

  3. 赞誉准则

(1)尽量少贬低他人。
(2)尽量多赞誉他人。
例如:
Jane：Well, I've done it. I've dyed my hair blonde.
Mike：a.You look awful.
      b.You look amazing.
      c.You look beautiful.
上例中, a → c 是按礼貌递增的次序排列的,尽量少贬别人,尽量多赞誉别人。

  4. 谦逊准则

(1)尽量少赞誉自己。
(2)尽量多贬低自己。
例如:
Jean：What a bright boy you are! You always get full marks.
Tom：a.Thank you. I have very good teachers.
     b.Thank you. The exam questions are not that hard.
     c.Thank you, but I'm not the only one in the class that gets
       full marks.
Tom 的回答按礼貌递减的次序排列,尽量少赞誉自己,尽量多贬低自己。

  5. 一致准则

(1)尽量减少双方的分歧。
(2)尽量增加双方的一致。
例如:
Linda：The coat she is wearing is beautiful, don't you think ?
Betty：a.Yes, absolutely.

b.Yes，I couldn't agree with you more.

c.Yes，I think so too.

以上三种回答按礼貌递减的次序排列，尽量减少双方的分歧，尽量增加双方的一致。

6.同情准则

（1）尽量减少双方的反感。

（2）尽量增加双方的同情。

例如：

I was sorry to hear about your grandma.

I was sorry to hear that your grandma killed him.

I was very sorry to hear your grandma tripped over the cat, cart wheeled down the stairs and brained herself on the electricity meter.

上例是按照礼貌递减的次序排列的，尽量减少双方的反感，尽量增加双方的同情。遵守同情准则的关键是要特别注意表达自己与对方共同的心情。

第三节　语用学理论在英语教学中的应用策略

一、应用语用原则，培养语用能力

（一）合作原则的应用

1.量的准则

在英语教学中，应该使用合作原则，这就需要教师对内容加以关注，以提升学生的语用能力，从学生的认知水平着眼。这就对教师的教学策略与方法提出了很高的要求。将合作原则的量准则应用到英语教学中，就需要教师提供学生需要的交际信息，从学生所能承受的知识范围着眼，将知识进行拆分，注意每一堂课应该提供适量的信息。

2. 质的准则

质的准则要求教师在教学中应该做到实事求是，为学生提供真实、准确的信息，避免在英语教学中出现缺乏足够证据的信息。在教学中，教师如果遇到不清楚的词汇，或者词句中隐含着深层意义，教师需要实事求是，确保能够准确的情况下，将词汇、词句的意义传达给学生。如果教师传达得不准确，那么学生理解得也必然错误，以至于在以后的交际中出现各种问题。

3. 关系准则

关系准则要求教师在英语教学中提供的语言信息与本堂课中心内容相关，学生根据以上信息能够清楚所学重点内容，围绕重点内容展开会话交际。

4. 方式准则

方式准则要求教师在英语教学中提供信息时要简洁明了，将学生所要学习的内容讲得清楚明白，有条理地安排教学活动。

综合以上四条准则，我们得出在英语课堂中应用合作原则及其准则对学生英语语用能力培养的要求，即在教学中，教师要积极创设交际情境，在符合学生认知水平的基础上提供与课程相关的信息，简洁明了地将课程的重难点信息传递给学生，锻炼学生在小组合作和讨论中的交际能力，使学生通过不断的认知努力实现交际目标。在遵循合作原则的过程中，教师应注意培养学生的跨文化意识，了解与课程内容相关的文化背景和交流规范，使学生能够准确掌握交际规范的基础上顺利实施交际，以达到无论是课堂中的语言练习，还是实际与外国人的全英文交流都能做到应对自如，使学生的英语语用能力得到长足发展。

（二）礼貌原则的应用

1. 得体准则

实施得体原则，即要求教师在教学中，减少对学生自尊造成损害的话语，让学生能够不断提升学习的积极性与自尊心。这一准则是从听话人的角度对礼貌进行判定。也就是说，教师在教学中应该多采用鼓励的话语,将自己的意图表达出来,尽量选择一些间接语言,让学生听起来更舒服,感受到自己被尊重。

例如,在课堂教学中,学生回答问题之后,教师应该给予一定的表扬;如果教师需要学生做某事,可以礼貌地向学生询问"Could you please do me a favor?"教师会在提问时说"You please."这样的话语也有助于学生学习到得体的语言表达,从而为他们以后的顺利交际埋下伏笔。

2. 慷慨准则

慷慨准则与得体准则有着紧密的联系。慷慨原则是从听话人角度考虑的,在交际表达时,要求教师能够通过一些奖励,让学生受益,增强学生英语学习的兴趣。

3. 赞誉准则

赞誉准则,就是要多给予赞美,减少贬低,这是从听话人的角度对礼貌进行判定的。这就要求在教学中,教师应该多鼓励学生,避免对学生进行贬低,强化学生的面子。当然,在教学中,教师应该考量学生的表现,并给予恰当的评价。如果学生上课表现积极,教师可以说:"Excellent! You did a good job in English spoken."如果学生上课表现不太积极,教师也会说:"Pay attention to our lesson."这是用提醒代替贬低和负面面子,让学生在鼓励与赞许中建立自己的自信心。

4. 谦逊准则

谦逊准则与赞誉准则相对,是从发话人的一方来对礼貌进行判定的。在英语教学中,这要求教师要培养学生谦虚好学的态度,在交际中尽量使用间接手段来确保礼貌。例如,在教学中,学生可能向教师提出请求"May I..."时,对方同意会说"Yes/Certainly."可以直接表述,不同意会说"I'm sorry, but/You'd better not."选择相对间接的语言手段来表达自己不同意的同时兼具礼貌,"No!"这一类表达过于直接,会使交际中的请求方感觉自己的面子受到了威胁,而这一准则实际上与布朗和莱文森的间接性礼貌策略同中有异,强调的都是要在交际中给对方以舒服的感受,顾及对方的面子问题,遵守交际中的礼貌原则及表达规范,提高学生的交际水平,发展英语语用能力。

5. 一致准则

一致准则就是要求教师在教学中，传递关联信息，在课堂对话中，增加学生们观点的一致性。例如，教师在课堂中向学生提问之后，就同学的回答询问全班，"同意吗？ Yes/No 或 True/False." 通过询问式问答进行引导，减少一些分歧。这样的询问有助于教师对学生的学习情况进行掌握。

6. 同情准则

同情准则与一致准则相对，实施该准则时要求教师在教学过程中，引导学生在进行会话交际时增加双方的同情，减少情感上的对立。

综合以上礼貌原则的六条准则，我们认识到在英语教学中，教师在传递语言信息，引导学生理解和处理这些语言信息时，应注意保持语用的得体和教师权威性，同时给予学生尊重和理解；在开展教学活动时，教师应根据学生的表现和反应及时评价，表现积极优异的同学及时给予正强化，维护学生的正面面子；表现不尽人意的同学及时提醒并纠正，但要注意维护学生的自尊心和负面面子。礼貌原则放在交际活动中就是以对方的感受为主要考虑，使听话人在交际中感到舒服，所以在英语课堂中，教师应以学生为中心，使学生在特定的语境中保持一致准则和同情准则，建立合乎情理的交际活动，从而根据语境选择恰当的语言手段进行表达，在不断的积累中推动学生英语语用能力发展。

二、创设真实生动的交际情境

合作原则强调在交际中话语传递的语用信息，要想对这一信息有清楚地了解，就需要从语境出发展开语用推理，这就要求人们在交际的时候，需要根据真实的语境，对语用含义进行推导，从而实现交际的目的。在课堂教学中，教师应该多采用情境教学法，创设与学生认知相符的实际交际情境，通过多媒体为学生展示相关的故事背景，引导学生展开会话操练，启发学生的发散性思维。

（一）创设话题式情境

教师在创设情境时往往会设置一些具体问题，会采用一些动画、视频、图片等激发学生已经掌握的知识，为学生营造一个轻松的课堂。例如，在 sports 这一课，教师在讲授 "What's your favorite sport？" 这一核心句型的时候，可以运用多媒体为学生展示一组运动图片，为学生设置与运动相关的话题，同学们可以发挥想象力，利用教师提供的信息以及一些相关词汇，进行自由会话或者角色扮演的活动。这样的情境创设与学生的实际相符合，能够让学生对语言进行有效的组织，激发他们的英语知识储备，从而不断提升他们的语用能力。

（二）创设游戏型情境

在英语课堂中，可以试试游戏教学，为学生创设游戏情境，这样可以增强学生的学习兴趣和积极性，也能调动课堂的气氛。教师应该多设计一些让学生感兴趣的游戏，将一些核心词汇融入这些游戏之中，吸引学生的注意力，让他们愿意参与到课堂之中。

这样的游戏可以鼓励学生在轻松的环境中，运用所学的语言知识练习英语，在具体的情境中，教师应该从合作原则出发，让学生对游戏中的真实信息进行简洁、清楚地表达，避免一些虚假的信息。在游戏环节，应该从礼貌原则着手，避免出现冲突。

通过分析可知，创设情境对于学生的英语学习非常有帮助，也要求教师在创设情境时，应该从学生的认知水平出发，在具体的操练中，对英语知识点加以把握，能够将自己所学的知识进行灵活地运用，从而不断提升学生的语用能力。

第六章
认知语言学理论指导下的英语教学策略

近些年,认知语言学在英语教学中得到了广泛的运用。认知语言学理论认为,人们在理解英语语义的时候,往往会基于自己的生活经验以及认知基础。认知语言学为英语教学研究提供了一个新的路径,能够帮助英语学习者将自身认知经验与英语语言学习紧密结合起来,大大降低了英语语言学习的难度。本章就基于认知语言学的相关理论与研究内容,对认知语言学理论指导下的英语教学策略展开分析。

第一节　认知与认知语言学

一、什么是认知

英语中的 cognition 一词被翻译为"认知"或者"认识"。从哲学意义上说,"认识"指的是客观事物在人脑中的一种反映,其中不仅包括"理性认识",还包括"感性认识"。因此,所谓的认识活动即人们依靠感知与思维等对客观事物进行认识的过程。

关于认识的研究即认识论的范畴,其中包含认识本质、认识对象、认识规律、认识能力等。根据对认知本质的理解,出现了唯理论与经验论两种对立的观点。根据人类能否对世界进行认识的回答,形成了可知论与不可知论两种观点。

对于"认知",1979 年的《辞海》中并没有这个词,其是随着"认知科学""认知心理学"被中国人熟知的。之后,1989年,《辞海》中收录了这个词。至1999年,"认知人类学"也被纳入《辞海》之中。

《辞海》(1989,1999)中对"认知"是这样解释的:认知即认识,指人类认识客观事物、获得知识的活动,包括知觉、记忆、学习、言语、思维和问题解决等过程。

《现代汉语词典(第5版)》将"认知"解释为"通过思维活动认识、了解"。

王寅认为,对语言加以理解与运用的过程就是对其进行认知处理的过程,因此语言本身属于一种认知活动①。

如果把不同的观点综合起来,可以这样来描述:认知是大脑通过感觉、知觉、知识表征、概念形成、范畴化、思维而对客观事物及其关系的信息进行加工、组织、储存处理和编码、解码的一系列心理过程。在这个过程中,人的生理构造、身体经验以及观察、选择、注意力等感觉、知觉能力对于概念和知识的组织产生一定的影响。这些影响主要体现为图式组织、心理意向、转喻、隐喻等结构模式。

二、什么是认知语言学

(一)语言与认知的关系

1. 语言与认知

语言与认知的关系是功能认知学派与结构主义学派的根本分野。功能认知学派认为,自然语言与人类一般认知活动密切相关。

关联理论认为,认知活动总是以最小的投入获得最大的认知效果。言语的理解也是采用这样的策略。例如,double是一个多义词。

(1)双倍。

(2)双重。

(3)双人。

从字面看,double-stick对应着多个意思——单面双层粘贴和双面粘贴。这是语言符号自身携带的、未与实际文化模式结合的符号信息。这种从字面推导出来的信息是不可靠的,还要依赖从文化模式当中积累

---

① 王寅.什么是认知语言学[M].上海:上海外语教育出版社,2011.

的认知经验排除 double-stick 中多余的义项,即使用者把 double-stick 跟"单面双层粘贴"和"双面粘贴"中的哪一个进行关联。

母语非英语的人由于关于 double-stick 的相关知识和实际经验储备不足,只依靠符号 double 和 stick 的知识把 double 和 stick 分解开来理解。在粘贴电影胶片时,美国人说胶片需要 double-stick,母语非英语的人就想当然地以为是在单面粘贴两次,结果造成误会。double-stick 在美国文化环境当中的实际意思是"双面粘贴"。这种文化背景在语言符号当中并没有得到显示(在汉语翻译当中出现"面",而英语中却没有出现 side)。double-stick 的解码依赖于经验储备,而不同的受话人的经验储备和生活经历各不相同。这样就难免在特定交际对象和特定语境当中造成误解——单面双层粘贴。如果没有接触特定文化的实践活动,在初次解码过程中很容易把它理解为单面双层粘贴。

这个例子说明如下几点。

(1)语言对认知具有特定的引导作用。

(2)特定文化环境造就的认知制约着语言的意义。

(3)语言和认知之间的关系呈现出双向、互动、交叉的关系,而不是单向的关系。

人类的大部分知识是通过语言途径获得的。语言提供并储存了我们的知识。不仅如此,语言还在一定程度上影响我们的思维和认知的取向。

2. 语言、认知与现实

符号与意义以及它所指称的现实世界客体之间并不存在着一种天然的联系。皮尔斯(Peirce,1955)在其提出的语符学理论中把符号分为指示符(index)、象拟符(icon)和象征符(symbol)。指示符是通过指示物与对象之间存在的关系来代表事物的,其中指示物要受到对象的某种影响,与对象具有某种事实或因果联系,如玻璃上的弹孔是开枪的标志;象拟符是通过表征物和对象的相像之处来代表一个事物的,如照片可代表被摄影的物体;象征符则通过某法则或规约的作用来表示对象,如红灯表示停止,绿灯表示通行。符号和意义之间的关系主要表现为指示性、象拟性和象征性。这三种关系源于人们对现实世界的认识和感知,以此为基础便形成了语言的三条建构原则,从而将形式和意义连接在一起(图 6-1)。

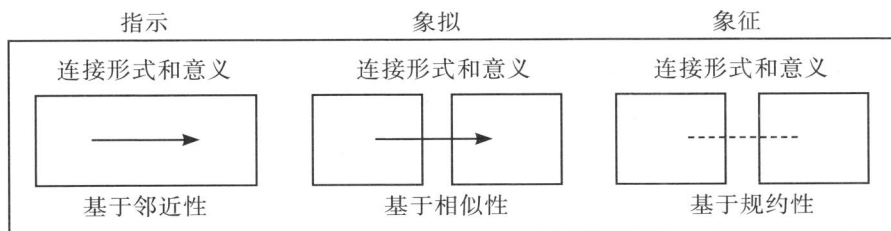

图 6-1 符号和意义的三种关系 [①]

（1）指示性原则：人指向事物时通常以自我为中心和以人为中心。邻近的事物可彼此指代。

（2）象拟性原则：语言符号和所指事物之间具有相似点，包括三个次原则，即序列原则、距离原则、数量原则。

（3）象征性原则：语言符号和意义之间的关系是约定俗成的。

可见，语言虽然受到现实规则的影响，但它并不能直接反映外部现实世界，而是由人对世界的认知作为中介的，其中包括感知、记忆、判断、范畴化、抽象化和推理等。这些能力与语言相互作用，密不可分。人创造和使用语言的能力与人的认知能力也很难分开。

There is a cottage now and then through the valley.

我们知道，农舍不可能如同副词短语 now and then 所描述的那样成为时而出现又时而消失的东西。另外，我们也根本找不到 through 所表达的类似穿行移动的东西。该句的合理性完全取决于概念化过程中采用的观察视角。我们可以想象有一个默默无语的观察者坐着火车从峡谷穿过，时而注视着窗外的情景。其实，这里描述的是映入观察者眼帘（即火车车窗）的场景。只有这样的观察视角才能为句中副词的用法提供解释。可见，不同文化和不同民族的人由于其观察视角不尽相同，同一种事物在不同的语言中具体的表现形式也会有差异。

人的认知的涉入使语言和现实之间的影响和作用关系变得复杂起来。正如石毓智（2000）所说，语言规则是受现实规则的影响而产生的。但是它们之间的影响不是单向的，语法规则作为一个系统，一旦形成，就具有相对的独立性，可以反过来影响甚至制约人们的认知活动。语言、认知和现实之间的双向作用关系如图 6-2 所示。

[①] 彭建武.认知语言学研究 [M].青岛：中国海洋大学出版社，2005.

图6-2　语言、认知与现实的双向作用 [①]

（二）语言的认知研究与认知语言学

语言的认知研究可追溯到很久以前。长期以来，人们都试图打开人类认知的这个黑匣子，但因为我们对其中的机制无法直接观察到，所以始终没能如愿以偿。然而，人们的求知欲却丝毫未减。基于认知的各种研究（包括形式主义的和功能主义的）在国内外都获得了长足的发展。总体来看，语言的认知研究可以分为两个方面：一个方面是基于心理学的研究（the psychological approach），一个方面是基于语言学的研究（the linguistic approach）。

赵世开（2000）认为，人类对语言的研究大致经历了以下五代。

（1）传统语言学或称"语文学"（philology，公元前5世纪到18世纪）。

（2）历史比较语言学（historical comparative linguistics，19世纪）。

（3）结构语言学（structuralist linguistics，20世纪上半叶）。

（4）生成语言学（generative linguistics，20世纪下半叶）。

（5）认知语言学（cognitive linguistics，20世纪末至21世纪初）。

以上五代并不像生物的交替，一代去了才有下一代，而是新一代出现，老一代仍然存在。赵世开认为，现在语言学界是五代同堂。认知语言学只是其中的一代，它主要从认知的角度来研究语言的最为核心的那一部分，即语言系统本身，特别是语法系统。因此，它根本不能取代传统的语言学，更不能包揽一切。认知语言学对语言现象进行解释时秉承了两个不同的承诺：概括的承诺（generalization commitment）和认知的承诺（cognitive commitment）。前者强调在语言现象的理论描写中应寻找一般原则，后者强调语言理论的描写应吸收其他学科的大量材料。需要指出的是，并非任何研究语言的认知方面的学说都属于认知语言学。例如，心理语言学研究中在很大程度上也是涉及认知，但我们通常不把它归入认知语言学。

---

① 　彭建武.认知语言学研究[M].青岛：中国海洋大学出版社，2005.

第二节　认知语言学的研究内容

一、概念隐喻理论

莱考夫运用概念映射（mapping）或投射（projection）对概念隐喻的运作机制进行了阐释。莱考夫和特纳（Lakoff & Turner,1989）指出,"隐喻不是一种语言表达式,而是从一个概念域到另一个概念域的映射"[①]。一般来说,是以源域的经验来理解目的域的经验,源域的部分特点被映射到目的域上,后者因前者而得到部分理解。在概念隐喻理论中,映射是单向的,是以具体的可感知的经验去理解抽象的不可感知的概念范围,是一种抽象的推理过程。

隐喻通常分为三大类:结构隐喻、方位隐喻和实体隐喻。

（一）结构隐喻

用一种概念的结构构建另一种概念,将谈论一种概念的词语谈论另一概念,通常是用源域中具体的或比较熟悉的概念去类比目标域中抽象的或比较陌生的概念。例如,在 WORDS ARE WEAPONS 这个概念隐喻中,我们用 WEAPONS 去类比 WORDS。由此还可派生出以下大量的隐喻表达:

It was a barrage of insults.

He hurled insults at her.

（二）方位隐喻

参照方位而形成的一系列隐喻概念,如人们常将上下、前后、深浅、里外、中心—边缘等具体的空间概念投射到情绪、心理状态、身体状况、数量、社会地位等抽象的概念上,从而产生了用方位概念表达抽象概念的词语。我们使用的基本概念多数是通过一个或多个方位性隐喻建构

[①]　Lakoff, George & Mark Turner. More than Cool Reason: A Field Guide to Poetic Metaphor[M]. Chicago: University of Chicago Press, 1989.

的。例如，基于HAPPY IS UP，SAD IS DOWN概念隐喻产生的下列表达：

You're in high spirits.

Thinking about her always gives me a lift.

I'm feeling down. I'm depressed.

He's really low these days.

I fell into a depression.

My spirits sank.

（三）实体隐喻

人类最早的生存方式是物质的，人类对物质的经验为我们用抽象概念来描述实体提供了物质基础。人类自身的躯体和自然万物具有最密切的联系，人类在感知外部世界时，会在大脑中留下印象，形成一系列图式。在实体隐喻概念中，人们将抽象的和模糊的思想、感情、心理活动、事件、状态等无形概念作为具体的有形实体（特别是人体自身），以对其进行指称、归类、组合和识别等。最典型的实体隐喻是容器隐喻。

容器隐喻就是把人、房屋、树林、田野、区域，甚至一些抽象的和无形的事件、行为、活动和状态等视为独立存在于现实世界的一个带有里外面或边界线的实体容器，从而使我们通过与人有关的因素特征和行为去理解有关非人的经验。基于该隐喻的表达有多种多样。

We're in this thing together.

How do we get out of this situation？

Let's try to get out of this situation.

He's in it up to his neck.

二、意象图式理论

（一）意象

意象图式理论产生的背景是心理学研究在20世纪70年代以来的新发展。20世纪中叶，行为主义心理学逐渐被认知和信息处理模式研究所取代。研究者发现，即便是没有通过知觉直接呈现的客体或事件，在大脑中也有类似知觉的表征。心理过程不是完全体现为命题和抽象符号的表征。意象可以作为信息处理的重要心理表征。意象来自基本的动觉、视觉经验知识的积累。意象具有一定的组织结构。

意象是建立在一定的生理和心理基础之上的。生命体在亿万年的长期演化过程中,被赋予了视觉、听觉、嗅觉、味觉、触觉、痛觉等不同的感知方式,又被称为模态或意象。这些模态或意象就是脑与环境进行信息交换的界面和通路。在残酷的"物竞天择、适者生存"过程中,多模态感知是与外界保持信息交换的生命攸关的生存机制。在这些多模态的相互作用下,才有了生物体对环境快速、可靠的选择和反应。构成意象的生理基础是先天遗传的本能。某些关系到个体生存的本能作为遗传信息保存在我们的大脑中。婴儿一生下来就会吃奶,像呼吸、进食、排泄这些本能,是意象得以建立的生理基础和来源。我们通过接触、抓取、进食、吞咽、呼吸、排泄、行走这些来自本能的活动,充分体会反复出现的运动、获取、操纵、控制、路径、容器等感知经验,经过对同一个模式的反复体验,可以摆脱实际行为和场景而自由地在意识当中浮现出特定的场景和模式,并且逐渐形成关于某个方面的意象图式。大部分人第一次见到蛇,即使从前没有被蛇咬过,也会很自然地产生恐惧感,尽管蛇对人的危害远远不如车祸。这些先天遗传下来的本能,经过与环境的接触和互动,得以反复强化,达到一定程度,就会形成意象。这些意象就构成复杂认知能力的基本要素。

意象的表征具有再现性和简约性、提示性和联想性特点。被蛇惊吓刺激后,即使见到绳子之类的细长盘曲状的物体,也会被吓一跳。这说明,意象作为信息处理的基本模式,具有表征、整体、联想的特点。

蝙蝠、蜜蜂、苍蝇、青蛙、蛇眼中的世界,与人类眼中的世界不可能完全相同。这说明观察者自身的生理器官及其结构制约着观察方式和观察的结果。同样,人类的认知必然与身体构造及其与环境的互动密切相关。人类受到自身感知器官和感知方式的限制,所形成的意象往往深深地打上了身体结构和感知器官的特定功能和特征的印记。

本能虽然是建立意象的前提条件之一,但是只是潜在性特征,要使本能转化为意象,需要外在环境要素的激活。什么样的环境塑造什么样的意象图式。"矛盾"这个范畴的意象图式,至今仍然保留着古代冷兵器的痕迹。"狼烟四起"则保留着古代信息传递的化石。意象图式深深镌刻着环境的印记。而不同民族的生活和社会环境、历史文化的众多差异,可能是不同语言之间在范畴、意象图式、语义乃至语法方面丰富多彩、千差万别的最根本的原因。

意象虽然要借助跟环境的互动才能得以建立起来,但是某些基本的意象一旦建立,就可以借助语言符号的渠道在思维领域得以扩展,这种扩展往往是没有界限的。现代人类的大部分知识,并非自己亲身经历获得,而是通过书本、媒体等渠道间接得到的。我们只借助最基本的意象包括运动意象做支撑点,就可以在这个基础上建立起以语言为纽带的庞大知识库,这不能不归功于意象建立的间接性特点。我们像建筑摩天大楼一样,利用意象构成的材料做基底,一步一步地拓展意象空间,最终建立起运动、空间、时间、色彩、形状、逻辑、过程、序列、容器、平衡、阻碍等庞大的百科全书式知识库。

意象的根源在于概括能力和分类能力。人们可以迅速地分辨出熟人的面庞、声音,甚至还可以分辨出熟悉的人的脚步声。这实际上是借助音响模式得以实现的。音响模式是在反复刺激的经验基础上形成的高度概括的音响意象。沈家煊认为,意象是指对一个客观事物或情形由于"识解"方式的差别凸现的部分不同,采取的视角不同,抽象化的程度不同等,而形成的不同的心理印象。

(二)认知意象图式

受到心理学研究的影响,认知语言学也建立起相关的意象概念。认知语言学的意象概念在不同的研究者那里并不完全统一。

兰盖克(Langacker)和约翰逊、莱考夫之间的意象就有所不同。兰盖克的意象主要是追求语义结构的描写和解释。兰盖克认为思想是在一系列神经活动的事件基础上构成的。某种类型的事件反复强化,就可以形成一个整体单位而被激活,即使缺乏感知输入仍然能够激活相关的知觉感受,这就是意象。运动意象制约着语义结构的形成。意象图式不一定是视觉形象,不一定能用图形在视觉上展示出来,但是为了形象、直观起见,研究者仍然不得不依靠图形来描述意象的复杂结构。

图式(schema)是意象的一种,是一种比意象和命题更大的知识单位,是对特定环境各种特征之间的相互关系进行抽象后,将相关知识结构组织编码的过程,是根据人在日常生活中与世界的互动过程中的经验而形成的一种简单和基本的认知结构。不过,人们通常将意象和图式统称"意象图式"。

我们的行为、感觉、知觉活动是适应环境的结果。我们经过了长期反复的尝试和失败,才能建立起抓取物体、走路等一系列运动模式。儿童的运动技能低,是没有建立起正确的运动模式。

心理学研究证明,成人一旦建立起一套与环境互动的运动模式,培养起视觉和四肢配合协调的技能,如果给受试者戴上特殊的眼镜,把眼前所有的景象颠倒过来,那么受试者在一个相当长的时期内将难以适应环境,并且不能采取正确的行动,包括走路、骑自行车、抓取食物。但是如果戴着这样的眼镜经过一个时期的适应性训练,他又会重新建立起一套适应环境的认知模式并且学会采取与环境相协调的行动。这说眀,人凭借复杂的认知模式保持与环境之间的协调,一旦观察方式发生改变,认知模式也相应做出调整。

三、心理空间与概念合成理论

(一)心理空间理论

心理空间理论把人们的注意力从分析复杂的语言形式转移到了心理空间的概念化上。所谓"心理空间",指的是人们在进行思维和谈话时为获得局部理解而构建的小概念包。这些概念包在时间、空间、信念、存有性等许多方面均有不同。例如:

Tom told me he will come tomorrow.

在该句话中,说话人构建了三个不同的时间空间。

(1)听说双方交谈的现今时间(现在)。

(2)Tom 说话的时间(过去)。

(3)预测 Tom 要来(将来)。

除此之外,还构建了一个位置空间 Tom 现在不在但明天要来的双方交谈之地(现实空间)。福柯尼耶(Fanconnier,1985)认为,语言表达可以构建新的空间,也可以使其中的成分和这些成分之间的关系得以确立。这类建构新空间的语言表达被他称之为"空间标记",如上句中的 Tom told... 标记心理空间的方式有多种多样。每个空间标记均可建立自己相应的心理空间,在语用信息确切的情况下标记词有时也可省略。语法标记(grammatical markers)包括时态(tense)和语气(mood)。在口语中,空间构造词主要包括:主谓语,如 I want..., she thinks..., he believes...;介词词组,如 in the picture, beyond the mountain, in her mind;副词,如 hopefully, frankly, practically;连词,如 whether, when, neither... nor... 等。空间标记像置于人脑的有色玻璃引发人对事件的看法和想象,是一种有色的场景。

（1）In that play, Othello is jealous.

（2）He believes that Desdemona is unfaithful.

这里有三个至关重要的概念需要我们掌握：基点（base）、视点（viewpoint）和焦点（focus）。"基点"是语义建构的起点，也是处理其他空间的参照物。"焦点"是正在建构的且吸引人的注意力的空间。"视点"指从那里建构焦点空间的空间。需要指出的是，三个空间彼此之间的界限并非泾渭分明的，同一个空间可以发挥其中两个或三个空间的作用。

（1）中的基点空间（B）是叙述者在小说里建构的主观现实空间，它在这里还是视点和焦点，其标记是 in that play。

（2）中的 He believes 引入的是一个相对于 B 的新空间（M），其内部成分为 "Desdemona is unfaithful." 这时焦点从 B 移向了 M，M 通过视点 B 得以处理。可见，这时的视点和焦点分别由 B 和 M 分担。福柯尼耶（1985）指出，第二句话的适合性只限定在剧中，而在客观现实中并不一定成立。心理空间理论就是基于这样的假设：要理解话语，就要建构空间，嵌入的空间对其中话语材料之适合性起限制作用。

Maybe Romeo is in love with Juliet.

该句可激活我们大脑中储存的有关 "X is in love with Y." 的文化背景知识结构框架，其中包含两个角色：Romeo 和 Juliet 以及其他更多的缺失知识，如图 6-3 所示。

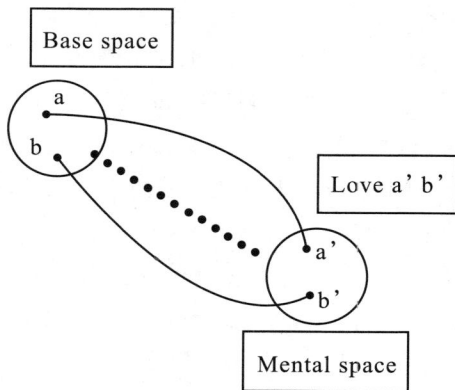

图 6-3　空间标记

在该句中，Maybe 作为空间标记建立了一个与该句基点空间相对应的可能空间。基点空间中 a 和 b 两个成分分别与可能空间中的 a' 和

b',即 Romeo 和 Juliet 相对应,使触发语(trigger)和目标语(target)之间形成连接关系。可见,心理空间并非真实世界的反映,心理空间中的概念要素和成分没有固定的属性,也并不一定符合逻辑或在现实世界中找到对应的实体。心理空间理论由于不借助相互独立而界定分明的句法规则,因而对形式各异的语言现象都能进行有效的解释。

（二）合成空间理论

福柯尼耶认为,我们在思考和交谈时不断建立心理空间,隐喻是跨心理空间映射的结果。对相关语言组织的理解可引发我们对空间域的探索。这些空间域是我们在谈话或听话过程中借助各种语义区素（elements）、角色（roles）、策略（strategies）及关系（relations）建立起来的,相互之间是彼此相连的。心理空间并非语言和语法的有机组成部分,但语言及其使用为空间域之间的潜在映射提供了依据,可确立心理空间之间以及心理空间中各语义元素之间的联系。

20 世纪 90 年代中期,福柯尼耶在心理空间理论的基础上对另一种普遍的认知过程,即"概念合成"（conceptual blending）进行了探讨。福柯尼耶（1997）明确指出,意义建构属于一种高层次的、复杂的心理活动,既发生于空间域之内,又发生于空间域之间。他在其提出的四空间交互映射模型中,对自然语言意义的实时构建方式以及心理空间连接的映射和作用关系进行了详细阐述（图 6-4）。

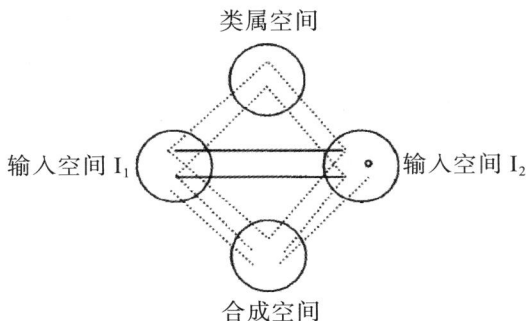

图 6-4 四空间交互映射

在图 6-4 中,圆圈代表心理空间,圈内的点分别代表不同的元素,用直线表示元素之间的相互连接。一个输入空间 I_1（Input I_1）和另一个输入空间 I_2（Input I_2）中对应元素之间的部分映射关系用实线来表示。

两输入空间中的元素与类属空间（generic space）和合成空间（blended space）中的各元素之间的映射关系用虚线来表示。应该说，概念整合是人们进行思维和活动，特别是进行创造性思维和活动时的一种认知过程，是一个不可或缺的、一般性的认知操作方式。

第三节　认知语言学理论在英语教学中的应用策略

一、运用语言意识指导教学

当今教学法中提出的"语言意识"（language awareness）与认知语言学具有异曲同工之妙。尼迈尔（Niemeier，2004）就指出，认知语言学与当今教学法所倡导的自主学习、多渠道学习、整体学习和教学以及语言意识和跨文化交际能力的培养目标是一致的。

外语教学的最终目的是培养学生使用第二语言的技能和能力，包括语言能力和交际能力。用语言意识指导教学，能充分挖掘语言的语义及语用特征，有效地调动学生学习的主动性，使之有意识地发现、理解和运用语法，促进语言能力的发展。下面以语法教学为例来分析。

用语法意识指导语法教学，可以有效地把语法规则与语言使用结合为一体，既解决了语法结构的正确性问题，又可有效地培养起学生的语言意识。例如，教师在讲解语法时，把劳伦斯（D. H. Lawrence）的小说 *The Rainbow* 中的一句话写到黑板上。

She saw the moonlight flash question on his face...

有不少学生认定它为错句，因从句中的主语（moonlight）、谓语（flash）、宾语（question）和状语（on his face）没能做到协调搭配。有的学生坚信 question 不能被 flash，更不能在某人脸上。还有的同学认为 question 前不加冠词显然违反了语法规则。当我告诉学生这句话的出处并要求他们争取理解其特殊含义时，同学们的积极性应该被调动起来，他们不再拘泥于单纯的语法分析，而是发挥各自的想象力，努力体悟这些词语组合所具有的奇妙的艺术效果和生动的表意形象。在教师启发下，他们终于领悟到了"月光""从阴影中突然闪出了一张脸"和"脸上疑惑的表情"在同一刹那给人的感受，激起了学生强烈的共鸣，也使他们体悟到了其具有的难以言表的艺术魅力。学生们终于明白仅靠单纯的语法分析无论如何也得不到这样的审美感受。

另外，我们还应注意根据学生的实际情况在不同阶段有所侧重。初级阶段应狠抓句法，提高学生组词成句和利用句子进行交际的能力；中级阶段应超越句法，提高学生组词成句和利用句子进行交际的能力。中级阶段应超越句法传授联句成篇的问题，多介绍一些复杂句型、侧重分析篇章结构等；高级阶段应引进语境因素，把语法讲解与社交、语用原则联系起来，加强学生的语言意识以及对语言现象的敏感性。在教学中我们发现，学生到了高级阶段对与时间概念并无关系的时态的用法常会觉得无所适从，因此只好死记硬背。其实，认知语言学可以为类似的现象提供理据和更为系统的解释。Tyler 和 Evans（2001）指出，英语时态的非时间意义是时间指示意义的延伸，具有系统性和理据性。根据经验，now 这一时间概念和与作为认知主体的人最接近的特定空间位置 here 联系十分密切。而 not now 常使人有一种 not here 的感觉。跨越一段距离与度过一段时间也具有相关性。

（1）How far is the restaurant from here？（提问距离）

（2）Oh，about a five minute walk.（时间作答）

所以，时间指称可以被概念化为相对于认知主体的远近关系。时间和距离之间形成的经验相关性在很大程度上可以解释为什么我们能用表达空间距离的概念来描述时间事件，如 "Christmas is getting close."。可见，我们可以用一种经验来理解另一种截然不同的经验，同时我们也为时态可能呈现的非时间意义和用法找到了其潜在的认知理据。

另外，人类感官（特别是眼睛）还具有这样的特性，即离我们较近的东西显得较大而且凸显度也较高，而较远的东西则显得小一点而且也不太引人注意。所以，在人类经验中凸显度和空间距离的相关性也是十分密切的。这一点对于解释英语时态的使用问题具有特殊意义。

（1）In November 1859, Charles Darwin's *The Origin of Species*, one of the great and most controversial works in the literature of science, was published in London.

（2）The central idea in this book is the principle of natural selection.

（3）In the sixth edition... Darwin wrote: "This principle of preservation of the survival of the fittest, I have called Natural

Selection."

以上句子的重点讲述的是该书的主题内容,而不是书出版的确切时间。句(1)信息为句(2)的重点信息建立了框架。句(3)信息的凸显度较低,主要为句(2)提供支撑的证据。语篇分析家把句(1)和句(3)称为背景化信息,而句(2)则为前景化信息。在该例中,时态用来标志信息凸显的相对程度,过去时标志背景化地位,而现在时标志前景化地位。

认知语言学采用的是基于用法的研究方法,所以十分留意词或语法结构出现的语境。语境分析揭示了这样一个事实:说话人选择某一词或语法结构是以意义为基础的。这里的意义指的是语言表达和语言使用者心理表征之间形成的关系。这种关系不仅适用于语素、词、词组,也适合于句子,语篇这样的高层结构。以下几个示例借助传统语法都难以做出令人信服的合理解释,而认知语言学有关框架、脚本和焦点等知识可有效地化解这一难题。

(1)My boy missed school today, he was late for the bus.

(2)She showed us this gorgeous house, but the living room was too small.

按照传统语法,一个名词如果是首次使用必须使用不定指。但在以上两例中,后半句都使用了特指 the bus 和 the living room。这是因为两句在前半句已分别提到 school 和 this gorgeous house;而与这两个词有关的知识框架可以激活其内部的子成分 bus 和 living room。换言之,子成分因在相关的知识框架已得以定位,所以可以使用特指。

(1)My neighbor's bull mastiff bit a girl on a bike. It's the same dog that bit Mary Ben last summer. That's the same dog that bit Mary Ben last summer.

(2)Sears delivered new siding to my neighbors with the bull mastiff. It's the same dog that bit Mary Ben last summer. That's the same dog that bit Mary Ben last summer.

根据认知规律和原则,如果一个语言成分在语篇的某一特定位置上凸显得足以把会话双方的注意力吸引过去,该成分便被认为是处于(心理)焦点。而是否焦点决定着说话人运用什么样的语言形式。只有那些处于焦点的成分才可以由非强调性的人称代词(如 it)来指代。这一原则可以解释上面两组句子:由于(1)在前半句已将 bullmastiff 引入句子的主语位置,成了该句的主题和焦点,所以用 It 和 That 来指代都是可以接受的。但在句(2)中,bull mastiff 由限制间接宾语指称的介词 with 引入。这里它虽被激活,但不足以成为焦点,因此使用 It 并不合适。可见,用语言意识指导语法教学,并不会让语法课程丧失其应有的特点,只不过是摆脱了传统语法教学的束缚,提高了学生正确理解和使用语言的能力。在传统教学中,学生很少有机会自己去发现和理解语言特征。他们衡量一个句子的对与错完全借助头脑中固有的语法条条,认为凡不符合所学语法规则的一概为错句。机械地记忆语法规则和无休止地操练句型使他们产生了厌烦情绪,教师也常抱怨语法课难上,长此以往,形成了恶性循环。与传统语法教学相比,语言意识对学生已有的语法知识造成了冲击,它不仅能充分调动学生的创造性,使学生主动地去发现所学语言本身的规律和特征,还能加深对运用中的语言的复杂性及动态性的认识,通过思考来逐步理解这些规律和特征,从而有效地习得该语言。语法学习是完整地掌握一门语言的途径之一,是语言整体的一部分。语法教学并不是教学的全部,而是获得交际能力的手段之一。增强语言意识可将语法讲授与发展语言技能有机地结合在一起。应当指出的是,在语言教学过程中,教师应注意给学生提供大量的真实语言材料,只有让学生接触足够的语言现象,才有可能真正培养他们的语法意识,最终形成一个完整的语法学习过程。

二、运用图式理论指导教学

图式(schema)源于认知心理学。1781 年,图式概念由德国哲学家康德(Kant)在其著作《纯推理批评》(*Critique of Pure Reason*)中首先提出,他认为图式就是纯粹先验想象力的产物或者说是学习者以往习得的知识结构,并指出"新的概念只有同人们已知的知识建立关系,才会变得有意义"。而图式理论在翻译上有重要应用,因此下面分析各个图式理论与翻译的问题。

(一)语言图式与翻译

语言图式是指人们对语言的掌握,包括词汇、句法、习惯用语、语法等方面的语言知识。当源语图式与目的语或译语图式相当一致时,图式的空位很容易激活、恢复、填补和关联。具体在英语中,体现为对术语、句式特点、表达规范的互相关联。例如：

This bill of exchange shall be accepted first and then can be honored by the acceptor.

该汇票应先承兑，然后由承兑方进行支付。

accept 和 honor 通常表示"接受"和"荣誉、尊敬"，但是在例句中，分别表示"兑现、承付"和"支付"的意思。源语与译语的图式相互作用，形成正确的概念，为翻译的顺利进行奠定了基础。

（二）内容图式与翻译

内容图式是以文本内容以外的语言知识、背景知识推理及互动为主要内容建立起来的各种内容的知识记忆。译者通过对源语文本内容的了解和熟悉，调动现存的知识，填补图式空缺，顺利理解全文并给出合适的译文。例如：

Stocks, held by the buyers, may be in two forms. One is called Common Stock, that is suitable for all corporations because its holders will have the ownership of the corporations profit and the interest produced by its assets, the right to vote for its board of directors and the right of asset distribution in case of its bankruptcy.[①]

持股人手中的股票一般有两种形式，其中一种是普通股，适用于所有公司。普通股股东对企业的利润和资产所产生的利息拥有占有权，并拥有对股份公司董事会的选举权和公司破产后资产的分配权。

例句中的专业性强，译者需要调动原本存在的关于股票方面的相关知识，或者补充原本不存在的缺省信息，正确理解之后，给出正确的翻译。这就需要译者充实自身的内容图式，掌握专业词语和社会意义以及语用规则。

（三）形式图式与翻译

形式图式又称结构图式，是语篇的宏观结构，即语篇知识，对文章脉络的宏观把握。例如，企业文化的介绍，汉语语篇较为夸张、笼统和抽象，用词华丽，引经据典，修辞使用痕迹浓重；英语语篇则以信息和呼唤功能为主，提供客观依据引起目的语读者的积极回应。译者在英译或汉

---

① 吴竞 . 图式理论在商务英语翻译过程中的运用 [J]. 科技信息，2012（7）：38.

译时就要根据两类篇章特色,给予适当的处理。

（四）语境图式与翻译

语境图式顾名思义指的是语言的使用环境,即对话语含义产生影响的各种语言成分的前后逻辑联系和各种主客观环境因素。语境决定词义、语言色彩和用法。英语除了涉及语码转换,译者还要依据动态的语境进行动态地推理。因此,译者除了要解决文本中的语言问题,还要高度重视文本中的语境问题。例如:

（1）Once the jewels were safely locked up in the bank he had no more anxieties about their security.

（2）Treasury securities are revalued daily.

例（1）和例（2）中同时出现了 security 一词,根据上下文提供的词语语境,例（1）中 security 的含义为"安全",而在例（2）中的含义为"债券、证券",属于专业术语。

（五）文体图式与翻译

文体图式是指文本的文体风格。所谓翻译的第一条原则"忠实",就是要在内容、感情色彩、文体风格上做到忠实于原文。文体具有多样性,如信函简洁、礼貌、正式;合同措辞严密、句式精练紧凑、文体正式庄重,体现其严肃性和约束力。译者在翻译时要把握各个文本的文体特点,进行恰当地处理。例如:

That I hold the said shares and all dividends and interest accrued or to accrue upon the same UPON TRUST for the Beneficial Owner and I agree to transfer, pay and deal with the said shares.

本人因持有上述之股份,而所获得的股息及权益等,本人同意转让、支付及处理上述之股份①。

此句为合同文体,因此在处理 the said shares 和"I"时,要符合合同文体特点,不能简单地处理为"上面提及的股份"和"我",而应该处理成"上述之股份"和"本人",这样才符合中文的表达习惯和文体风格。

---

① 夏兴宜.运用图式理论提高商务英语翻译的水平[J].科教文汇（中旬刊）,2011（1）: 130-131.

（六）文化图式与翻译

　　文化图式是指关于文化的知识结构，是人类通过已存的经验对文化的知识组织模式。文化的不同带来思维的差异，译者需要激活异质文化和本土文化的图式，确保对源语文本的正确解码。在广告中的商标名称的翻译中，如果不能很好地处理两种异质文化图式，很容易引起误解甚至是经济损失。例如，某童鞋的商标名称为"小白象"，"小"凸显商品为儿童用品，可爱小巧；"白象"除了用动物化方式贴近儿童消费者以外，凸显的是商品的耐久力以及使用商品后的运动力。在西方文化中，白象的含义为"大而无用的东西"，不管是从体积上还是心理上都没有凸显童鞋的特色，因此在处理成英文时，与其译成 Little White Elephant，不如调动和激活译文读者已存的文化图式，或建立、修正、改变现存图式，正确理解、传达信息，译成 Pet F Elephant，这样既避免了译语中的消极文化图式，又传递出了社会语用含义。

第七章
文化语言学理论指导下的英语教学策略

文化语言学属于宏观语言学的一个重要组成部分。在文化语言学未形成独立体系之前，语言学就已经对语言与文化的关系展开分析和探讨。到了 20 世纪后期，文化语言学成为一门独立的学科存在。在文化语言学的指导下，英语教学有了新的要求。本章就对文化语言学理论指导下的英语教学策略展开研究。

第一节　文化与文化语言学

一、什么是文化

（一）文化的内涵

"文化是什么？"这是文化研究、文化比较、语言人类学及文化人类学等研究领域都需要面对的元命题。然而，长期以来，人们对"文化"这个似乎时常挂在嘴边、运用自如的普通术语的定义、阐释却是众说纷纭，难以给出定论。正如美国人类学家阿尔弗雷德·克鲁伯（Afred Kroeber）和克莱德·克拉克洪（Clyde Kluckhohn）在《文化：关于概念和定义的检讨》中所说：在这个世界上，没有别的东西比文化更难以捉摸。我们不能分析它，因为其成分无穷无尽；我们不能描述它，因为其形态千变万化。当我们要寻找文化时，它仿佛是空气，除了不在我们手中以外，它无所不在。那么，"文化"的定义有多少种呢？

美国人类学家克鲁伯和克莱德·克拉克洪对文化概念进行了专门探讨,于1952年出版了《文化:关于概念和定义的述评》一书,书中梳理了从泰勒提出文化定义的1871年到1951年这80年间西方学者关于文化定义的诸多文献资料,共收集到文化的定义164个。从那以后直至今天,各种新的定义有增无减、不计其数。这一方面说明人们对文化内涵的认识与研究尚在不断深入,另一个重要原因则是人类的文化现象本身的涵盖太广,它似乎无所不在,无穷无尽,人们常常只能从某一特定的层面或角度来对它加以把握和研究,不然将由于对象过于宽泛而难以着手。因此,为了便于表述,我们把"文化"的定义分为狭义和广义两种。我们先从语义分析入手,对文化的多重含义与特征进行梳理,借此寻找一个切入点来理解狭义的"文化"定义,继而阐释广义的"文化"。

1. 狭义层面的"文化"

汉语中的"文化"一词,由"文"和"化"组成。"文"是象形字,"化"是会意字。

查《说文解字》,《说文·文部》说:"文,错画也。象交文。凡文之属皆从文。"意思是:文,交错刻画(以成花纹)。像交错的花纹的样子。大凡文部属都从文。可见,"文"的本义是各色交错的纹理,查阅文献,我们会发现,用这个本义的如《周易·系辞下》里的记载:"物相陈,故曰文。"

我们再看"化",《说文·七部》曰:"化,教行也。从七,从人,七亦声。"意思是:化,教化实行。由七、人会意,七表声。"化"的本义为变化,如《庄子·逍遥游》曰:"化而为鸟,其名为鹏。"又如,《周易·系辞下》曰:"男女构精,万物化生。"后来,引申为教化之意,如王充的《论衡·佚文》曰:"无益于国,无补于化。"

"文"与"化"并联使用,较早出现在战国末年,但是,两者还没合成为一个词。《周易·贲》曰:"观乎天文,以察时变;观乎人文,以化成天下。"意思是说,治国者观察天文(天象),即天道自然规律,以了解时序的变化;观察人文,即人类社会的各种现象,以用教育感化的手段来治理天下。在这里,"人文"与"化成天下"紧密联系,治理天下、"以文教化"的思想已经很明确了。

汉代出现"文化"一词,刘向的《说苑·指武》曰:"凡武之兴,为不服也;文化不改,然后加诛。"这里的"文化"一词,指的是与国家的军事手段即武功相对的一个概念,这是我们通常理解的文治武功,国家的文教治理手段。

《文选·补亡诗》中所记载的"文化内辑、武功外悠"中的"文化"一词也是这个意思。

通过以上对"文化"的词义分析,我们逐渐接近了"文化"一词所指的狭义的定义。

我国 1979 年出版的《辞海》基本上采用了该说法。2015 年出版的《现代汉语词典》(第 6 版)在解释"文化"的定义时指出:特指精神财富,如文学、艺术、教育、科学等。查阅《中国大百科全书》,其指出:狭义的文化专指语言、文学、艺术及一切意识形态在内的精神产品。

1871 年,英国人类学家爱德华·泰勒(Edward B. Talor)在《原始文化》一书中指出:(文化是)包括知识、信仰、艺术、道德、法律、风俗及作为社会人员的人所习得的任何其他能力和习惯在内的复合整体。这是狭义的"文化"的经典定义,是一个里程碑,具有深远的影响力。

学者们对文化的定义还有很多。例如,文化是由人类的反思性思维发展出来的积累性结构。实施这种思维的机制是每个人的内在素质的一部分;文化因素的积累主要是这类反思性行为在语言和客观性物质操作中的表达。

综上所述,狭义的"文化"指的是人精神层面的东西,如人的精神、思想、信仰、道德、观念、情感等。然而,表面上,这些精神层面的东西是看不见、摸不着的,它们需要一定的外在的载体、媒介来体现,如某种(某些)具体的物质、语言、音乐等。或者,换言之,语言是一种特殊的文化。

2. 广义层面的"文化"

大致理顺了"文化"的狭义定义以后,我们接着来看看广义的"文化"。我们先从西方词源上来梳理"文化"一词的词义。"文化"一词,德语为 kultur,英语为 culture,源自拉丁语词 cultura,原意为耕作、培养、教育发展、尊重的意思。而拉丁语 cultura 又是由拉丁语 cultus 演化而来的。cultus 含有为敬神而耕作与为生计而耕作两个意思,因而该词具有物质活动和精神修养两个方面的含义。

可见,"文化"的词义既包括物质生产活动,又包括精神方面的内涵。梁漱溟先生指出:文化,就是吾人生活所依靠的一切。

如同梁漱溟先生这样的观点,在苏联及我国的词典、百科全书中,"文化"一般被称为广义的"文化"。例如,苏联哲学家罗森塔尔和尤金在其编写的《哲学小词典》中也指出了"文化"的广义定义,即文化是人类在社会历史实践过程中所创造的物质财富和精神财富的总和。我国的汉语词典、百科全书等大都采用此说法,如《中国大百科全书》中指出:广义的文化是指人类创造的一切物质产品和精神产品的总和。又如,2015年出版的《现代汉语词典》(第6版)在解释"文化"的定义时指出,文化是人类在社会历史发展过程中所创造的物质财富和精神财富的总和。

要全面把握"文化"这一术语的定义及其在运用中的变化,我们还需理解一个与它关系极其密切的概念——"文明"。从词源学上追溯"文明"一词的来龙去脉,可参考徐行言在《中西文化比较》中的论述:汉语中文明一词早在《尚书》和《易经》中即已出现。《尚书·舜典》称舜帝"浚哲文明,温恭允塞,玄德升闻,乃命以位"。其疏曰:"经天纬地曰文,照临四方曰明。"《周易·乾·文言》中有"潜龙勿用,阳气潜藏。见龙在田,天下文明"之句,孔颖达解释为"天下文明者,阳气在田,始生万物,故天下有文章而光明也"。另《周易·大有·象》有"其德刚健而文明,应乎天而时行,是以元亨"。《周易·贲·象》曰:"刚柔交错,天文也。文明以止,人文也。"其含义均近于文采光明,文德辉耀。至清初李渔《闲情偶记》中"求辟草昧而致文明,不可得也"之句,始隐含与蒙昧相对的有文化状态的意味。

通过以上梳理,我们大致了解"文明"一词囊括了对物质方面和精神方面都进行创造的双重意义,接近于今天人们通常理解的广义的"文化"。借此我们也就理解了为什么中国、古埃及、古巴比伦、古印度被称为四大"文明古国",而不称为"文化古国"。

需要指出的是,"文化"一词在现当代的广泛运用,尤其是在学术研究如文化研究、人类学研究(特别是语言人类学、文化人类学等)、比较研究等方面,与西方的文化理论、人类学理论等相关思潮紧密相连。前文提到的1871年出版的《原始文化》中的"文化"定义被视为具有里程碑意义的经典,其作者即英国人类学家爱德华·泰勒,他被称为"英国人类学之父"。自人类学诞生之日起,文化的概念一直都是人类学的基础。马林诺夫斯基认为文化是具有满足人类某种生存生活需要功能的"社会制度",是人们推行的一套有组织的风俗与活动的体系。他认为文化主要包括：物质文化、精神方面之文化、语言、社会组织。文化的功能就是满足人民生产生活各个方面的诸多需要。

著名的语言学家萨丕尔（Sapir），也是人类学家，他对"文化"的概念做了如下论述："文化"这个词似乎有三个主要的意义或意群。首先，文化被文化人类学家和文化历史学家专门用来涵盖人民生活中的所有社会继承元素，包括物质的和精神的。"文化"的第二种用法流行更为广泛。它指的是一个相当传统的个人修养的理想。这种理想建立在少量被吸收的知识和经验之上，主要由一组典型反应构成，这组反应需要被某一阶层、某一长期存在的传统所认可。文化的第三个用法最不容易定义，也最难给出令人满意的阐释。这可能是因为就连那些使用它的人也很少能够解释清楚他们所说的文化到底是什么意思。第三种意义上的文化与第一种专门意义上的概念相似，强调群体而非个人所拥有的精神财富。可见，萨丕尔更偏向从人类学学科角度来理解"文化"的定义，同时他既讲了广义的文化，也说了狭义的文化，他所指出的"文化"的三种定义都具有社会属性。

综上所述，广义的"文化"涵盖面非常广泛，指的是人类社会发展过程中创造的物质财富和精神财富的总和。用通俗的话来说，我们可以概括为：人所创造并共享的一切活动及其结果都是文化。需要说明的是，我们在此梳理、划分文化的狭义和广义定义，仅是为了行文表达的方便，二者是相对的，不能把它们割裂开来。在逻辑上，狭义的文化从属于广义的文化，与后者存在着不可分割的联系。在具体研究人的精神层面的东西时，不能忽略物质创造活动的决定作用和基础意义。这是历史唯物主义文化观及方法论的一个基本要求。

（二）文化的特性

无论"文化"有多少种定义，无论是"文化"狭义的还是广义的定义，都不影响文化的特性。

1. 文化的核心是人

文化的核心是人。是人创造了文化，也只有人才能创造文化。文化是人类特有的。文化是人类智慧和创造力的体现。人（作为社会成员的人）创造、形成并运用、共享文化，也受约束于文化，被文化形塑，最终又要不断地改造发展文化。如果没有人的主动创造和改变，文化便会失去生命、活力和光彩。因此,我们在讨论语言与文化时,一定要通过语言看到语言背后的人——语言的使用者,包括说者和听者,双方的文化对语言交流有一定的影响。

2. 文化是后天习得的

1871 年,泰勒在《原始文化》一书里给出的文化定义中,最关键的一点是文化"作为社会成员的人所习得"。习得,指的是通过后天学习而获得,而非通过先天遗传,这样的习得是在特定的社会成长中获得各种文化传统、文化属性。文化人类学把孩子学习文化的过程称为"濡化"。可以习得的文化经过濡化过程而代代相传。有时候,文化被直接传授。例如,父母教育孩子说,小孩子要懂礼貌,见到认识的人要喊人,要懂得恰当地称呼对方"爷爷/奶奶""叔叔/阿姨""哥哥/姐姐"等。

3. 文化是共享的

文化并不是个体自身的属性,而是个体作为群体成员的属性,文化只有在社会中才得以传递、共享。《人类学——人类多样性的探索》一书第 13 章有专门讲"文化"属性的内容,讲解精辟而通俗易懂:"分享共同的信仰、价值观、回忆和期望,把成长在同一文化中的人们联系起来。通过为我们提供了共同的经验,濡化过程把人们统一起来"。

今天的父母都是昨天的子女。从父母那里接受濡化过程的子女们当了父母之后,他们就变成了下一代子女满化的媒介(传播者、传授者)。虽然文化并非一成不变,但是这种基本的信仰、价值观、世界观及子女教育实践却是长久保持不变的。而且,共享的文化背景是非常有影响力的。我们看到,在异国他乡,人们都更愿意、也更容易与跟自己来自同一国家、地区的人交往。正如美国人类学家康拉德·菲利普·科塔克所言:长着同样羽毛的鸟儿常常聚集在一起,对于人来说,文化就是人类自己的羽毛。

4. 文化是象征的

象征,对文化及人类其他方面的习得都是非常独特而重要的。象征是某种口头或非口头的事物,在特定语言或文化中,用来表示另外的某个事物。象征及其指代物之间没有明显的、天然的或者是必然的联系。例如,有一种动物,在汉语里我们称为"狗",英语里称为 dog,其他语言里又有其他的叫法,这些叫法之间没有天然的关联。象征通常是基于符号的,文化中最重要的符号就是语言,即用词语代替具体指代的对象。不使用语言,人们无法让一个不在场的人较为清楚地了解事件、情感及其他经历。

当然,除了语言,象征也有非语言形式的符号体系。例如,五星红旗代表我们中华人民共和国;交通路口设置的红绿灯,红灯停、绿灯行;商场里商品的价格只需表示数字就可以了,而不是真的拿现金摆在商品旁边来体现等。以象征的方式思考、运用语言并使用工具和其他文化形式,以组织、适应自己的生活并协调周围的环境,这是人类生活的常态,其中,象征的重要性非同一般。美国人类学家格尔茨就将文化视为一种象征体系。

5. 文化是整合的

文化是整合在一起的模式化的系统。如果这一系统的某部分发生了变化(如经济、社会方面),其他部分也会相应发生变化。以前我们有句俗话说"早发财不如早生子",在民间,特别是农村,女性多会在二十多岁结婚、生子。今天,我们也会在婚礼上祝福新婚夫妇"早生贵子"。但是,晚婚晚育已经变得越来越普遍了,尤其是在大城市,人们对婚姻、家庭的态度和行为的变化与社会发展、经济变迁等是分不开的。因此,文化并非孤立的,而是整合的。

6. 文化是民族的、地域的

不同的民族、族群由于其赖以生存、生活的自然条件的差异以及由于地缘延伸而带来的不同文化共生关系的影响,往往会形成不同的思想价值体系、思维模式和行为方式等。在此基础上,便产生了使某个社会群体区别于其他社会群体的文化特质,在一定的条件、范围等的多重作用下,就可能由此形成一种独特的生活方式、思维方式甚至文化形态。正如美国人类学家鲁斯·本尼迪克特(Ruth Benedict)所言,文化是通过某个民族的活动而表现出来的一种思维和行动方式,来使这个民族不同于其他任何民族的方式。

二、什么是文化语言学

1996 年，美国语言人类学家加利·帕尔默（Gary B. Palmer）《文化语言学理论构建》一书中对文化语言学展开了系统研究，他是首次将文化语言学当作一门学科来加以研究的学者。但加利·帕尔默对文化语言学的解释与我国 20 世纪 80 年代之后发展起来的文化语言学几乎没有相同之处。我国学者认为，文化语言学关注的是语言的文化背景，是西方语言人类学与中国文化学相结合的产物。当前，我国的文化语言学的研究者主要是汉语学者、少数民族语言学者和外语学者，研究成果主要集中在汉字与文化、方言与文化、词汇与文化、语言与民俗、语言交际与文化、外语教学与文化等方面。关于文化语言学的界定，至今没有形成统一的观点。

吕叔湘指出，文化语言学是一个民族的某种文化现象在这个民族的语言里有所表现，或者反过来说是某一个民族的语言里有某种现象表示这个民族的文化的某一个方面。根据这一理解，文化语言学自然是语言学的一个方面，是值得研究的。但如果说只有这样才算是语言学，其余的都不是，那么是很难被人认同的。

邢福义在其《文化语言学》一书中指出，文化语言学虽然与语言和文化的关系密切，但从理论而言既不是语言学的一个分支，也不是文化学的一个分支，而是一个独立的学科，有着自己独特的研究对象和目的。他还指出：从词语结构看，"文化语言学"的"文化"和"语言"是联合关系，层次应切分为"（文化＋语言）学"，不是"文化／语言学"。

戴昭铭在其《文化语言学导论》中指出，文化语言学主要任务仅仅是以文化和语言的关系为切入点来研究语言，探索语言诸多方面中的一个方面，从而引导人们更好地使用语言文字。文化语言学不是包罗万象的语言语言学科，不能取代现代语言学。

第二节　文化语言学的研究内容

一、语言与文化的关系

（一）语言是文化的工具

人们的社会交往和精神活动都离不开语言。诚然,语言不是人与人之间唯一的交际工具,也不是人自身精神活动的唯一思维工具,但是它是最重要的交际工具和思维工具。思维离不开语言,而文化行为又离不开思维。精神文化是思维的直接产物,物质文化是思维的间接产物。语言不可避免地成为文化的基础,也是文化得以存在的工具。由于语言的工具作用,文化传播和交流才成为可能,负载思想的语言使文化可视而又稳定。

美国学者伊恩·罗伯逊在其《社会学》书中指出:"语言是文化的根本。没有它,文化就无法存在。[①]"

（二）语言是文化的编码

语言本身是一个封闭的符号系统。语音区别特征构成了音位（phonemes）,音位构成了词素（morphemes）,词素构成词（words）,词构成了句子（sentences）,句子构成语篇（texts）,语篇构成对话、故事、小说直至百科全书。这个封闭的系统之所以能与人的经验世界发生关系,对经验文化进行语言编码,主要就是因为它是一种符号的系统,它可以对外在的现实进行思维切分（mental segmentation）、类比联想（analogical association）。这即是说,语言符号具有一种将外在现实进行心理编码的能力。

从表面上看,人似乎只是生活在物质性的外在现实中。但是,人之所以是人而不是动物,就在于人不能只生活于物质性的外在世界,他必须对这个外在世界进行认知并加以理解和接受。这即是说,人的社会生存必须将外在的物质现实内化为一种心理现实。社会学告诉我们,人是

---

① 裴文.现代英语语境学[M].合肥:安徽大学出版社,2000.

不能生活于他所无法认识和理解的世界的。人一旦对自己身处的世界无法理解,便会产生焦灼感,甚至心理障碍,直至自杀。难怪笛卡儿(R. Desoortes)说:"我疑故我思,我思故我在。[①]"将外在经验现实转化为内在的心理现实的机制就是语言对文化的编码。从这个意义上来讲,人似乎是在依靠物质而生存,依赖语言编码而生活。人对文化现实的语言编码主要有两种方式:理据性编码(motivational codification)和任意性编码(conventional codification),又称约定俗成性编码。

(三)语言交际是传播文化的手段

语言交际与文化的关系恰好是跨文化交际的重要内容。跨文化交际这一现象并不是近期才出现的,而是自古就有。随着人类不断进步,跨文化交际的内容、形式等也在不断改变。在当今时代,跨文化交际的手段和内容变得更为丰富。通过跨文化交际,国与国之间可以相互交流,这种交往的过程是十分复杂的过程。

虽然交流的时空距离在不断缩小,但是人们的心理距离、文化距离并没有随之缩小。由于受文化取向、价值观念等的影响,文化差异导致了一些冲突和矛盾的出现,不同文化背景下的人们的交流面临着严峻的障碍。为了解决这些障碍,对跨文化交际进行研究是十分必要的。

"跨文化交际"一词是由著名学者霍尔(Hall)提出的[②],常用 cross-cultural communication 或者 intercultural communication 这两个意思相近的词来表达,即指代的是一些长期旅居国外的美国人与当地人之间展开的交际。但是,随着跨文化交际的深入,其定义变得更为广泛,指的是不同文化背景下的人们之间展开的交际活动。

现如今,很多人将跨文化交际定义为来自不同背景的人们之间通过语言来实现信息的交流与共享的过程。

1.跨文化交际的影响因素

(1)心理因素对跨文化交际的影响

心理因素指运动、变化着的心理过程,如人的感觉、知觉和情绪等,它们往往被称为事物发展变化的"内因"。广义上讲,人的心理因素包

① 张维鼎.语言文化纵论 [M].成都:四川辞书出版社,2002.
② Hall Edward T. The Silent Language[M]. New York: Anchor Books, 1959.

括所有心理活动的运动、变化过程。具体来讲，人的心理因素主要有两种：积极心理因素与消极心理因素，它们是相互排斥的。积极的心理因素对跨文化交际起着促进作用。在当今经济全球化条件下，跨文化交际日益频繁，其本身的作用也日益重要。不同文化背景下的人们在交际中只有具备相应的心理意识，才能使得跨文化交际顺利进行。

消极的心理因素对跨文化交际具有阻碍作用。跨文化交际过程中，潜在的障碍主要来自交际团体和个体间的心理取向。定式、民族中心主义、偏见、寻求相似性、普遍性假设等因素都会影响交际的顺利进行。只有交际主体提高对文化差异的认识，以尊重、平等、开放、包容的心态进行交际，才能获得跨文化交际的成功。普遍性假设也是跨文化交际的阻碍性因素之一。有些人认为自己与另一文化的人们有很多相似性，并以自己怎样看待事物为基础，去假设自己也知道别人的思维方式。这种假设会导致沟通障碍，甚至引发冲突。

（2）环境对跨文化交际的影响

跨文化交际研究的重点是文化差异，而文化的差异主要源于其所处的环境不同。环境包括因文化本身所造成的生理环境和心理环境、社会环境、自然环境以及具体的语言环境，环境因素对于跨文化交际的影响无处不在。

交际的物理环境对于交际的影响是非常明显的。人们在社会化的过程中学会了在什么样的场景下说什么样的话、怎么说、不说什么等。行为的场合具有一种约束力，人们对具体场合中什么是恰当的行为存在共识。在跨文化交际中，对于某一个具体环境，不同的文化会有不同的反应。例如，中国学生上课的教室环境要求与美国教室的要求完全不同。社会环境被人们所塑造，但是又反过来影响人们的生活方式、价值观、思维方式等，所以对跨文化交际来说也有至关重要的影响。

（3）思维方式对跨文化交际的影响

语言是以特定的民族形式来表达思想的交际工具。思维通过语言来存在和交流，语言又与该民族的思维方式和水平相适应。不同的文化背景造成不同的思维方式，其理解方式也大相径庭，因而在跨文化交际中就存在或多或少的障碍。

美国学者罗伯特·卡普兰通过对来自不同文化的学生作文进行分析发现：英语的篇章组织和发展模式是直线型，而东方语言则是螺旋型。前者表达和理解直截了当，由 A 即可推出 B；后者则拐弯抹角，借助中转站 C 方可到达。就拒绝而言，前者直接一句 "I'm sorry but..." 便了事；后者却会罗列一堆理由，摆出许多联系并不紧密的缘由，但终究未将"不"说出口，得靠听者意会。具有特定语言思维轨迹的人，习惯用一种特定的方式理解事物、分析事物。因此，当西方人在用其固定的严密的逻辑思维推导汉语词句可能的意思时，思维方式障碍将不可避免地遇到，其主要表现在两个方面。

其一，用线性思维方式理解汉语词句的含义。所谓的"线型"思维，其主要特点是用一元一维直线思维处理各种问题，又称"直线思维方式"。多元问题一元化、复杂问题简单化，将问题的性质都看成非此即彼，凡事必须做出明确的"是""非"判断，非黑即白。这就难以避免主观性、绝对化和片面性。从某种程度上看，这是西方的严式逻辑推理思维过度强调精确的外化。例如，中国人有时会说"你妈妈真年轻，就像你姐姐一样"。在我们看来这是明显地称赞对方母亲年轻的表示，而西方人则会认为这是显然地说自己看起来老于实际年龄。

其二，用主观性思维方式解释汉语词语的含义。主观性思维是使外部现实适应和服从自己头脑中的固有模式的思维习惯倾向。换言之，则是将外部事物强行融入自己的头脑模式，不管其正确与否。例如，"韬光养晦"一词，美国国防部对"韬光养晦"所用英文为 hide our capabilities and bide our time，意即"掩盖自己的能力，等待时机东山再起"。此后数年美国政府均采用同样的英文表述。另外，还有一些英文书籍或文章译为 hide one's ability and pretend to be weak 或 conceal one's true intention 或 hide one's ambitions and disguise its claws。以上解读显然是没有正确地把握词语的真正含义。

诸如"韬光养晦"之类的包含中国传统辩证思维的句词民谚，单纯用线性思维和主观思维是无法理解的。中西语言思维的差异致使对文本的理解有了沟壑。而线性思维方式与主观思维方式二者本无绝对区分。因此，当以线性思维看问题时就易陷入主观臆断中；而主观思维反过来又促使线性思维直板、单一、片面的理解。对语言文化内涵的把握绝不可只限于从它产生的文化背景中了解它的一般所指，更重要的还在于能够从产生它的特定文化背景中去把握它所负载的、超出一般所指的特殊意义。

2.跨文化交际知识与文化传播

跨文化交际的过程是一个信息编码与解码的过程。这一过程是非常复杂的,同时会受到多种因素的影响和制约。其主要包含两大因素,一是言语交际,另外一个是非言语交际。

（1）言语交际

语言是人们进行交际的重要因素之一。语言跨越了人们的心理、社会等层面,与之相关的领域也很多。对语言进行研究不仅是语言学的任务,也是心理学、社会学等学科的任务和内容。因此,语言与交际关系的研究具有明显的跨学科性。

人具有很多特征,如可以制作工具、可以直立行走、具有灵巧的双手等,但是最能够将人的本质特征反映出来的是人的语言。人之外的动物也可以通过各种符号来进行信息的传递,如海豚、蜜蜂等都可以传递信息,但是它们所传递的信息只能表达简单的意义,它们的"语言"是不具备语法规则的,也不具有语用的规则。

人们往往通过语言对外部世界进行认识与理解。语言具有分类的功能,通过分类,人们可以对事物有清晰地了解与把握。人们的词汇量越丰富,他们对外部世界的认识就越清晰、越精细。

人们在进行言语交际的过程中,往往会存在一个信息取舍的过程。下面通过图 7-1 来表达言语交际的具体过程。

在图 7-1 中,A 代表的是人们生活的无限世界,B 代表的是人类的听觉、视觉、嗅觉、味觉、触觉这五种感官所能触碰到的部分,如眼睛可以触碰到光线的刺激,耳朵可以触碰到20 ~ 20000 周波声。另外,当这些感官不能处理多个信息的时候,在抓住一方时必然会对另一方进行舍弃。不过,还存在一些不是凭借五感来处理的部分,而是通过思维和感觉的部分。例如,平行的感觉、时间经过的感觉就属于五感之外的感觉。人们在头脑中进行抽象化的思维,有时候与五感的联系不大。

C 代表的是五感可以碰触的范围中个人想说、需要注意的部分。D 代表的是个人注意的部分中用语言能够传达出来的部分,这里也具有一定的抽象性。例如,人的知觉是非常强大的,据说可以将 700 万种颜色识别出来。但是,与颜色相关的词汇并不多。就这一点来说,语言这一交际手段是相对贫弱的。同时,语言具有两级性,简单来说就是中间词较少。尤其是语言中有很多的反义词,如善—恶,是很难找到中间词的。

我们这样想一下,我们通过打电话来告诉对方如何系鞋带,通过广播来教授舞蹈等,

E 代表的是对方获取的信息,到了下面的第 V 阶段,是 D 和 E 的重叠,在重叠的部分,1 是指代能够传递过去的部分,2 与 3 是某些问题的部分,其中 2 是指代不能传递过去的部分,3 是指代发话人虽然并未说出,但是听话人自己增加了意义。在跨文化交际过程中,由于不同人的世界观、价值观不同,因此完全有可能形成 Ⅵ 的状况。

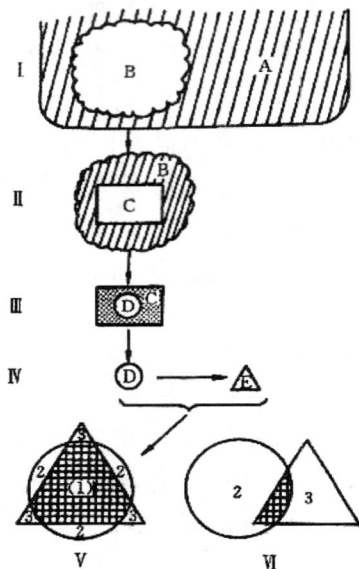

图 7-1　言语交际的过程 ①

(资料来源:陈俊森、樊葳葳、钟华,2006)

总之,从图 7-1 中我们不难看出,从 A 到 E 下降的同时,形状的大小也在缩小,这就预示着信息量也在逐渐变小。这里面就融入了抽象的意义。在阶段 Ⅰ 中,人的身体如同一个过滤器;在阶段 Ⅱ 中,人的思维、精神等如同一个过滤器;到了阶段 Ⅲ,语言就充当了过滤器。这样我们不难发现,言语交际不仅有它的长处,也具有了它的短处。为了更好地展开交际,就需要对言语交际的这一长处与短处有清楚的认识。

在对跨文化交际影响的多个因素中,语言作为文化的重要表现,是跨文化交际的一大障碍。从萨丕尔—沃尔夫(Sapir-Whorf)假设中我

① 严明.跨文化交际理论研究[M].哈尔滨:黑龙江大学出版社,2009.

们不难发现,语言是人们对社会现实进行理解的向导,对人们的感知和思维有着重要的影响。无论是何种语言,都有其独特的语音、词汇、语法、语言风格等。对一门外语进行学习,了解语言习惯与交际行为有着十分重要的意义。

①言语调节。语言并不是一个简单的交流工具,语言不仅是文化的载体,它还是个人和群体特征的表现与象征。一般来说,能否说该群体的语言是判断这个人是否属于该群体的标志。同样,某些人都说同一语言或者同一方言,那么就可以很自然地认为他们都源自同样一种文化,他们在交流时也会使用该群体文化下的行为规范、价值观念、交际风格,因此也会让彼此感到非常轻松。正因为所说的语言体现出发话人的身份,而且人们习惯于与说自己语言的人进行交流,因此学外语的热潮无论在国内还是国外都很高,人们都想得到更多群体的认同。不仅如此,语言还标志着一个民族的文化独立与主权,其对于一个国家民族而言是非常重要的。统一的语言是民族、群体间的黏合剂,其有助于促进民族的团结。更为有趣的一点是,人们对其他民族语言如此崇尚,往往会产生爱屋及乌的想法,对说这种语言的外国人会不自觉地流露出亲近与欣喜之情。

语言具有的这种个人身份与凝聚力预示着言语调节的必然性。所谓言语调节,又可以称为"交际调节",即人们出于某种动机,对自己的语言与非语言行为进行调整,以求与交际对象建构所期望的社会距离。一般而言,发话人为了适应交际对象的接受能力,往往会迎合交际对象的需要与特点,对自己的停顿、语速、语音等进行稍微调整。

常见的言语调节有妈妈言语、教师言语等,就是妈妈、教师等为了适应孩子或者学生的认知与知识水平而形成的一种简化语言。这属于一种趋同调节的现象,有助于更好地进行交流,达到更好的交流效果。当然,与趋同调节相对,还存在趋异调节,其主要目的是维持自己文化的鲜明特征与自尊,对自己的言语与非语言行为不做任何的调整,甚至夸大与交际对象的行为,这种现象的产生正是由于语言作为文化独立象征以及个人身份而造成的。或者说,趋异调节的产生可能是因为发话人不喜欢交际对象,或者为了让对方感受未经雕饰或者原汁原味的语言。总之,无论是趋同调节,还是趋异调节,都彰显了发话人希望得到交际对象的认同,通过趋同调节,我们希望更好地接近对方;通过趋异调节,我们希望能够保持一定的距离。因此,理想的做法应该做到二者的结合,不仅要体现出自己向往与对方进行交际的愿望,还要保证一种健康的群体认同感。

需要指出的是,在影响言语调节的多个因素中,民族语言活力有着非常重要的影响作用。所谓民族语言活力,即某一语言的社会经济地位,以及说这种语言的分布情况与人数等。如果一种语言的活力大,那么对社会的影响力也较大,具有较广的普及率,政府与教育机构也会大力支持,人们也会更加青睐。这是因为,人们会将说这种语言的人与语言本身的活力相关联,认为这些人会具有较高的声望,所以愿意被这样的群体接受与认同。

在跨文化交际中,言语调节理论证明了跨文化交际与其他交际一样,不仅是为了交流信息与意义,更是一个个人身份协商与社会交往的过程。来自不同文化的交际双方在使用中介语进行交流时,还需要注意彼此的文化身份与语言水平,进行恰当地调节。

②交际风格。在言语交际中,交际风格是非常重要的层面。著名学者威廉·古迪孔斯特和斯特拉·廷图米(William Gudykunst & Stella Ting-Toomey)论述了四种不同的交际风格,即直接与间接的交际风格、详尽与简洁的交际风格、以个人为中心与以语境为中心的交际风格、情感型与工具型的交际风格。

第一,在表达意图、意思、欲望等的时候,有人会开门见山,有人却拐弯抹角;有人直截了当,有人却委婉含蓄。美国文化更注重精确,美国英语的运用在很大程度上与这一点相符。从词汇程度上来说,美国人常使用 certainly, absolutely 等这样意义明确的词汇。从语法、句法上来说,英语句子一般要求主谓宾齐全,结构要求完整,并且使用很多现实语法规则与虚拟语法规则。从篇章结构上来说,美国英语往往包含三部分:导言、主体与结论,每一段具有明确的中心思想,第一句往往是全段的主题句,使用连词进行连接,保证语义的连贯。与之相对的是中国、日本的语言,常用"可能""或许""大概"这些词,篇章结构较为松散,但是汉语中往往形散神不散,给人回味无穷的韵味。

英汉语言的差异,加上受个人主义与集体主义的影响,导致了英美人与中国人交际风格的差异。中国文化强调和谐性与一致性,因此在传达情感与态度以及对他人进行评论与批评时,往往比较委婉,喜欢通过暗示的手法来传达,这样为了避免难堪。如果交际双方都是中国人,双方就会理解,但是如果交际对象为英美人,就会让对方感到误解。因此,从英美人的价值观标准上来说，坦率表达思想是诚实的表现，他们习惯明确地告知对方自己的想法，因此直接与间接的交际风格会出现碰撞。

第二，不同的交际风格有量的区别，即在交流时应该是言简意赅，还是详细具体，或者是介于二者间的交际风格。威廉·古迪孔斯特和斯特拉·廷图米在对其他学者的研究结果进行研究的基础上指出，中东的很多国家都属于详尽的交际风格，北欧和美国基本上属于不多不少的交际风格，中国、日本等亚洲国家属于简洁的交际风格。这是因为阿拉伯语言本身具有夸张的特点，这使得阿拉伯人在交际中往往会使用夸张的语言来表达思想和决心。例如，客人在表达吃饱的时候，往往会多次重复"不能再吃了"，并夹杂着"向上帝发誓"的话语，而主人对 no 的理解也不是停留在表面，而是认为是同意。中国、日本作为简洁交际风格的代表，主要体现在对沉默、委婉的理解上。中国人认为"沉默是金"，并认为说话的多少同地位有着密切的关系。一般来说，中国的父母、教师属于说教者，子女、学生属于听话者。美国文化中反对交际中的等级制，主张平等，因此子女与父母、学生与教师都享有平等的表达思想的机会。

第三，威廉·古迪孔斯特和斯特拉·廷图米提出了以个人为中心与以语境为中心的交际风格。以个人为中心的交际风格是采用一些语言手段，对个体身份加以强化；以语境为中心的交际风格是运用语言手段，对角色身份进行强化。这两种交际风格的差别在于，以语境为中心的交际风格是运用语言将社会等级顺序进行反映，将这种不对等的角色地位加以彰显；以个人为中心的交际风格是运用语言将平等的社会秩序加以反映，对对等的角色关系加以彰显。同样，在日语中，存在着很多的敬语和礼节，针对不同的交际对象、交际场合、角色关系等，会使用不同的词汇、句型，并且人际交往也非常正式。如果是在一个非正式的场合，日本人往往会觉得不自在，在他们看来，语言运用必然与交际双方的角色有着密切的关系。与中国、日本的文化存在鲜明对照的是英语，英美文化推崇直率、平等与非正式，因此他们在使用语言进行交际时往往使用那些非正式的称呼或者敬语，这种交际风格表达是美国文化对民主自由的推崇。

第四，中西方交际风格的差异还体现在情感型与工具型的区别上。情感型的交际风格是以信息接收者作为导向，要求接收者具备一定的本能，对信息发出者的意图要善于猜测与领会，要能够明白发话人的弦外之音。另外,发话人在信息发送的过程中,要观察交际对方的反应,及时地改变自己的发话方式与内容。因此,这样的言语交际基本上是发话人与听话人之间信息与交际关系的协商过程。相比之下,工具型的交际风格是以信息发出者作为导向,根据明确的言语交际来实现交际的目标,发话人明确地阐释自己的意图,听话人就很容易理解发话人的言外之意,因此与情感型的交际风格相比,听话人的负担要轻很多。可见,工具型的交际风格是一种较为实用的交际风格。

显然,上述几种交际风格是相互关联与渗透的,它们是基于不同的文化价值观建立起来的,其中影响力最大的是集体主义与个人主义的差异,其在社会的各个领域都得以贯穿,并从很大程度上决定中西方文化的不同。

（2）非言语交际

言语交际是通过言语行为来展开交际的,而非言语交际是通过非言语交际行为展开交际的。非言语交际是言语交际的一种辅助手法,是往往被人们忽视的手法。但是,非言语交际在英汉交际中起着十分重要的作用,甚至有助于实现言语交际无法实现的效果。非言语交际包含多个层面,如体态语、副语言、客体语等。

对于非言语交际行为,中外学者下了不少的定义:将非言语交际定义为一种不运用语言展开的交际,这是一种笼统的定义;将非言语交际定义为不运用言辞来表达,并且被社会人们认可与熟知的一种行为,这是较为具体的定义。

对于非言语交际,一般来说主要包含如下几类。

①体态语。体态语又可以称为"身体语言",其由美国著名的心理学家伯得惠斯特尔(Birdwhistell)提出。在伯得惠斯特尔看来,他认为身体各部分的器官运动、自身的动作都可以将感情态度传达出去,这些身体机能所传达的意义往往是语言不能传达的。体态语包含身势、姿势等基本姿态,微笑、握手等基本礼节动作,眼神、面部动作等人体部分动作等。

所谓体态语,即传递交际信息的动作与表情。也可以理解为,除了正式的身体语言之外,人体任何一个部位都能传达情感的一种表现。由于人体可以做出很多复杂的动作与姿势,因此体态语的分类是非常复杂的。体态语包括眼睛动作、面部笑容、手势、腿部姿势等。

眼睛动作。眼睛是人类重要的器官,其是表情达意的重要组成部分,如愤怒时往往"横眉立目"，恋爱时往往"含情脉脉"等。在不同的情况下，眼睛也反映出一个人不同的心态。当一个人眼神闪烁时，他往往是犹豫不决的；当一个人白别人一眼时，他往往是非常反感的；当一个人瞪着他人时，他往往是非常愤怒的等。之所以眼睛会有这么多的功能，主要是因为瞳孔的存在。一些学者认为，瞳孔放大与收缩，不仅与光感有关，还与个体的心理活动有着密切的关系。当人们看到喜欢的东西或者感兴趣的事物时，他们的瞳孔一般会放大；当人们看到讨厌的东西或者不感兴趣的事物时，他们的瞳孔一般会缩小。瞳孔的改变会无意识地将人的心理变化反映出来，因此眼睛是人类思维的投影仪。既然眼睛有这么大的功能，学会读懂眼语是非常重要的，同时要注意不要读错。例如，到他人家做客，最好不要左顾右盼，这样会让人觉得心不在焉，甚至心术不正。需要指出的是，受民族与文化的影响，人们用眼睛来表达意思的习惯并不完全一样。

面部笑容。笑在人的一生中非常重要。当人不小心撞到他人时，笑一笑会表达一种歉意；当向他人表达祝贺时，笑一笑更显得真挚；当与他人第一次见面，笑一笑会缩短彼此的距离。可见，笑是人类表情达意不可或缺的语言之一。笑可以划分为多种，有大笑、狂笑、微笑、冷笑，也有轻蔑地笑、自嘲地笑、高兴地笑、阴险地笑等。当然，笑也分真假，真笑的表现一般有两点：一种是嘴唇迅速咧开，一种是在笑的间隔中会闭一下眼睛。当然，如果笑的时间过长，嘴巴开得缓慢，或者眼睛闭的时间较长，会让人觉得这样的笑容缺乏诚意，显得非常虚假和做作。当然，笑也有一些"信号"。其一，突然中止地笑。如果笑容突然中止，往往有着警告和拒绝的意思。这种笑会让人觉得不安，会希望对方尽快结束话题。但是，如果一个人刚开始有笑意，之后突然板着脸，这说明他比较有心机，是那种难缠的人。其二，爽朗地笑。这是一种真诚的笑，给人一种好心情的笑，一般会露出牙齿、发出声音，这种笑会让对方觉得你是一个很好相处的人，很容易信任与亲近你。其三，见面开口笑。这种笑是人们日常常见的，指脸上挂着微笑，具有微笑的色彩，这种微笑具有礼节性，可以使人感到和蔼可亲。无论是见到长辈、小辈，还是上级、下属，这种笑都是最为恰当的笑。但需要指出的一点是，在笑的过程中要更为谨慎，其不是一见面就哈哈大笑，这会让人感觉莫名其妙，它是一种谨慎的、收敛的笑。其四，掩嘴而笑。这种笑是指用手帕、手等遮住嘴的笑。这种笑常见于女性，显得较为优雅，能够将女性的魅力彰显出来。由于文化背景的差异,不同国家的人对笑的礼仪也存在差异。在大多数国家,笑代表一种友好,但是在沙特阿拉伯的某一少数民族,笑是一种不友好的表现,甚至是侮辱的表现,往往会受到惩罚。

手势。手是人体的重要部分,在表达情意的层面作用非凡。大约在人类创造了有声语言,手势也就诞生了。手是人们传递情感的行之有效的工具之一。一般情况下,手势可以传达的意思有很多,高兴的时候可能手舞足蹈,紧张的时候可能手忙脚乱等。当一个人挥动手臂时,往往是表达告别之意,当一个人挥动拳头时,往往是表达威胁之意。而握手这样一个日常生活中普遍的动作,也能够将一个人的个性表达出来。第一种类型是大力士型,其在与他人握手时是非常用力的,这类人往往愿意用体力来标榜自己,性格比较鲁莽。第二种类型是保守型,这类人在与他人握手时往往手臂伸得不长,这类人性格较为保守,遇到事情时往往容易犹豫。第三种类型是懒散型,这类人与他人握手时,一般指头软弱无力,这类人的性格比较悲观懒散。第四种类型是敷衍型,这类人与他人握手是为了例行公事,仅仅将手指头伸给对方,给人一种不可信赖的感觉,这类人做事往往比较草率。还有一种是标准的握手方式,即与他人握手时应该把握好力度,自然坦诚,不流露出任何矫揉造作之嫌。

腿部姿势。在舞会、晚会、客厅等场合,人们往往会有抖腿、别腿等腿部动作,这些动作虽然没有意义,但是他们在传达某种信息。因此,腿在人们的表情达意过程中有着非常重要的作用。对腿的动作的了解是人们了解内心的一种有效途径。当你坐着等待他人到来时,往往腿部会不自觉地抖动,以表达紧张和焦虑之情。当心中想拒绝别人或者心中存在不安情绪时,往往会交叉双腿。

②副语言。一般来说,副语言又可以称为"伴随语言""类语言",其最初是由语言学家特拉格(Trager)提出的。他在对文化与交际的过程进行研究的过程中,他搜集整理了一大批心理学与语言学的素材,并进行了归纳与综合,提出了一些适用于不同情境的语音修饰成分。在特拉格看来,这些修饰成分可以自成系统,是伴随着正常交际的语言,因此被称为副语言。具体来说,其包含如下几点要素:音型(voice set),指的是发话人的语音物理特征与生理特征,这些特征使人们可以识别发话人的年龄、语气等;音质(voice quality),指的是发话人声音的背景特点,包含音域、音速、节奏等,如果一个人说话吞吞吐吐,没有任何的音调改变,他说他喜欢某件东西其实意味着他并不喜欢;发声

（vocalization），其包含哭声、笑声、伴随音、叹息声等。上述三类是副语言的最初内涵，之后又产生了停顿、沉默与话轮转换等内容。

③客体语。所谓客体语，是指与人体相关的服装、相貌、气味等，这些东西在人际交往中也有着非常重要的作用。从交际角度而言，这些层面都可以传达非言语信息，都可以将一个人的特征或者文化特征彰显出来，因此非言语交际是一种非常重要的媒介手段。

相貌。无论是西方文化还是中国文化，人们对于自己的相貌都非常看重。但是在各国文化中，相貌评判的标准也存在差异，有共性，也有个性。例如，汤加认为肥胖的人更美，缅甸人认为妇女脖子长更美，美国人认为苗条的女子更美，日本人认为娇小的人更美等[①]。

饰品。人们身上佩戴的饰品本身并没有什么意义，但是出现在不同的场合，就是一种媒介和象征。例如，戒指戴在食指上代表求婚，戴在中指上代表恋爱中，戴在无名指上代表已婚。这些作为一种约定俗成的代码，人们不可以弄错。一般来说，佩戴耳环是妇女在交际场合的一种习惯。当然，少数的男青年也会佩戴耳环，以彰显时尚。他们佩戴一只耳环表示有大丈夫的气息，但是佩戴两只耳环表明他是一个同性恋者。

二、文化差异的语言表现

（一）汉语重形象思维，英语重抽象思维

人类的抽象思维和形象思维是密切联系、互相渗透的。抽象思维讲究秩序，其思维具有系统化、组织化、形式化的特点，其严密的逻辑推理表现在语言上重形合、讲形式，追求结构上的严谨；而形象思维重悟性，即不凭借严谨的形式来做分析，表现在语言上重意合。由于文化传统的不同，不同的民族形成了侧重点不同的思维习惯。思维方式是沟通文化与语言的桥梁。思维方式与文化密切相关，是文化心理诸特征的集中表现，又对文化心理诸要素产生制约作用。同时，思维方式又与语言密切相关，是语言生成和发展的深层机制，语言又促使思维方式得以固化和发展。

汉字起源于象形文字，直接从原始图画发展而来，从最初就具有直观性，其意义以字形与物象的相似为理据。

---

① 李莉莉. 跨文化交际中的非语言行为 [D]. 哈尔滨：黑龙江大学，2004.

汉语中有丰富的量词,量词也是汉语形象化的体现。世间万物,千姿百态,形状各异,汉语中形形色色的量词形象生动,准确鲜明,对事物的姿态一一进行描述,如一朵花、一面镜子、一匹马、一盏灯、一堵墙等。而英语只突出被描述的客体和数量,因而与以上汉语相对应的英文是:a flower, a mirror, a horse, a lamp, a wall。汉语里量词的大量存在是与中国人擅长形象思维分不开的,一把雨伞、一面旗、两尾金鱼、三艘船,这些量词与该名词的形象有关。英语虽然也有量词,但是数量上远没有汉语多,也没有汉语量词形象生动,并且同一个量词往往可以配上许多不同的名词,如英语中:a piece of news, two pieces of paper, a piece of land, a piece of furniture, a piece of information,同一个量词piece 翻译成汉语却是:一则新闻,两张纸,一块土地,一件家具,一条信息,对应五个不同的量词。

汉英这种思维差异不仅体现在字形上,还在两种语言的语法中有所反映。逻辑严密的英语语法反映出英美民族偏重抽象理性的思维特点。例如,英语"The child himself bought a book."可转换为"The child bought a book himself."(这孩子自己买了一本书);"He arrived after 4 weeks."可转换为"He arrived 4 weeks after."(四个星期后他才到);"I don't know whether he is well or not."可转换为"I don't know whether or not he is well."(我不知道他的身体究竟如何);"After dining at the Jones's, I met him at my tailor's."可改变词序"I met him at my tailor's after dining at the Jones's."(在琼斯家吃了饭,我在裁缝店遇见了他)等。而汉语的词序则是不可改变的,先吃饭,后到裁缝店,然后才遇见他,词序表达必须按生活实际的时间顺序来安排时间顺序。

汉语偏重经验感性的思维特点产生于汉民族的传统文化。汉民族文化重视实际生活经验,所以人们常说"嘴上无毛,办事不牢""老将出马,一个顶俩"。这种文化观念的思维定式反映在语言上就是重经验直觉,带有较浓厚的感性色彩,词句的表达与理解,不太注重语法上的严密思考,而倾向于凭经验进行意合获取,这种特点在古汉语里表现突出。古汉语文章竖行从左至右书写,无标点符号,不分段落,一气呵成。难怪有西方人说:汉人读书不断点头称是,而西方人读书不断摇头示疑。此话尽管带有几分讽刺,但说明了英汉语言的不同特点。

汉语的词序具有临摹现实的经验感性的思维特点。汉语词语前置或后置反映出生活经验的时间顺序。在叙述动作、事件时,往往按事情

发生的自然顺序排列句子,先发生的事件或事物在先,后发生的就在后。例如:

他从上海(1)坐火车(2)经南京(3)来到济南(4)。

He came to Ji'nan(4)from Shanghai(1)through Nanjing(3)by train.(2)

Usher 直挺地躺在沙发(1)上,我一进去(2),他就站起来(3),热情地向我打招呼(4)。

Upon my entrance(2), Usher rose(3)from a sofa on which he had been lying(1)at full length, and greeted(4)me with a vivacious warmth.

从以上例句不难发现,在叙述动作、事件时,汉语往往按时间顺序的先后和事理推移的方法,一件一件事交代清楚,呈现一种时间顺序的流水图式。英语则是靠语法的逻辑性来体现事件发生的顺序。

(二)汉语重整体思维,英语重个体思维

英语单词在意义上具有一定的特指性,意义相关的词在词形上毫无相关之处。而汉字的意义通常极为广泛。例如,在汉语中只需一个"车"字即可代表英语中的 bus(公共汽车), car(小汽车), taxi(出租车), minibus(面包车)及 lorry(卡车)所指的任何一种交通工具。又如,汉语中"笔"可意指各种可以用来书写的用具,而英语中则对每种书写用具都有特定的称谓,如 pen(钢笔),ballpen(圆珠笔),pencil(铅笔)等。

英汉构词的这种思维差异在表示星期的这组词上体现得尤为明显:汉语中表示一周内第几天的词是用星期加上数字表示(周末"星期日"除外),如"星期一、星期二、星期五"等;在英语里这些只是一个个词形上毫无联系的词,如 Monday,Tuesday,Friday,从英语单词的词形看不出单词间的任何顺序关系和具体联系。

汉英思维上的这种差异也体现在时间和地点词语的排序及语篇的篇章结构上。在表达时间概念时,汉语顺序按年、月、日、时、分、秒这样一个从大到小的顺序排列。例如,2008 年 3 月 10 日 12 时 30 分 20 秒。英语的顺序正好相反,按秒、分、时、日、月、年这样一个从小到大的顺序排列。例如,下面这个句子:"At eleven minutes past 1 a.m. on the 16th of October 1946, Ribbon Trop mounted the gallows in the execution chamber of the Nuremberg Prison." 对应的汉语翻译是"1946

年 10 月 16 日凌晨 1 点 11 分,里宾·特洛普走上纽伦堡监狱死刑室的绞架。"

第三节 文化语言学理论在英语教学中的应用策略

一、"交际—结构—跨文化"策略

文化知识教学的常见模式就是"交际—结构—跨文化"模式,这一模式与中国人的英语教学习惯相符合。在英语教学中,中国的大多数学生都是以汉语思维展开的。这种认知与思维方式与英语学习的规律不相符。心理学家指出,事物之间的差异越大,那么就越能对人类的记忆进行刺激。"交际—结构—跨文化"模式能够从英语学习的全过程出发,展开认知层面的刺激。在教学的各个阶段,都对学生的目的语思维模式产生影响。

(一)交际体验

交际体验即让学生掌握一定的交际能力,通过运用英语展开交际。交际能力是人们为了对环境进行平衡而实施的一种自我调节机制。通过这种交际体验,能够不断提升学生的交际能力。在交际过程中,交际双方需要建立在一定的语言交际环境的基础上,不断熟悉和了解交际双方的背景知识,从而将交际双方的交际技能发挥出来。我国的英语教学需要为学生营造能够进行交际体验的环境,这样才能形成一种双向的互动与交际模式。

(二)结构学习

结构学习将语言技巧作为目标,将语言结构作为教学的中心与重点内容,从而利用英语展开教学。语言具有系统性,语言教与学中应该对这种系统性予以利用,找到教与学中的规律,实施结构性学习方式。

结构学习要对如下几点予以关注。

第一,对学生的英语结构运用能力进行培养。

第二,对学生的词汇选择与创造力进行培养。

第三,对学生组词成句、组句成篇能力进行培养。

第四,对学生在不同语境下的交际能力进行培养。

（三）跨文化意识

跨文化意识是将对文化知识的了解与熟知作为目标,对文化习俗非常重视,因而教师需要利用英语为学生讲解文化习俗方面的知识。要想具备英语文化知识,学生不仅要对英语国家的历史与文化活动有所了解,还需要对相关文学作品进行研读,同时还要了解相关国家的风俗与习惯,从而形成对西方文化学习的热情与兴趣。久而久之,英语教学就成为一种对文化的探索教学,从而激发学生的学习兴趣,提升学生的学习效果。

这一模式要求在整个教学中需要对中西方文化进行对比,从而培养学生的跨文化意识。

二、文化对比策略

观念是人们经过学习在头脑中形成的对事物、现象的主观印象。观念是通过对感官资料进行选择、组织并加以诠释的方式来认识世界的过程。（Perception is the process of selecting, organizing and interpreting sensory data in a way that enables us to make sense of our world.）这个过程包括识别（identification）、阐释（interpretation）和评估（evaluation）三个阶段。

人们的已有经验对识别的结果会产生影响,而文化对阐释与评估会产生影响。（Perception is often affected by culture. The same principle causes people from different cultures to interpret the same event in different ways.）例如,来自不同国家或者民族的人对个人信用的解释是不同的。对美国人来说,个人信用的主要指标是独立与能力,坦诚与直率、强势与自信、理性与果敢等会赢得尊重。而对中国人和日本人来说,个人信用的主要指标是社会地位,沉稳与含蓄、顺从与谦卑、仁爱与机敏等会赢得尊重。

思想观念往往是由社会教育（包括家庭教育和学校教育）逐步形成的人生观和价值观,属于意识形态的范畴。观念的产生与人们所生活的社会环境关系密切。人们观念的形成主要受到家庭环境和社会环境的影响,因此主要包括家庭观念(包括婚恋观念、亲情关系、家族观念等)和社会观念(包括时间观念、自我认同观念等)。

（一）宗教观念对语言的影响

世界上现存的主要有三大宗教,即基督教、伊斯兰教和佛教。基督教(包括天主教、东正教和新教)主要集中分布在欧洲、美洲和大洋洲的一些国家,其信徒被称为基督徒。据统计,在这些国家里,有80%以上的人是基督徒。基督教以"平等、博爱"为教义。伊斯兰教主要集中在东南亚、中亚、中东、非洲地区。信奉伊斯兰教的人被称为穆斯林(Muslim)。伊斯兰教以"顺从、和平"为教义。佛教主要集中在东亚地区,信仰佛教的人被称为佛教徒(俗称"和尚")。佛教以"善、缘"为教义。宗教观念影响人们的许多行为。

（二）社会观念对语言的影响

社会观念是在一定的社会群体范围内长期形成并需要其群体成员共同遵循的观念。这种观念往往被作为群体范围内人们交际的言语和行为的评判标准,从而影响到群体内的每一位成员。这些观念主要包括时间观念、自我认同观念等。

1.时间观念

不同文化群体的时间观念存在差异。中国的文化传统比较强调大局观,主张凡事从大处着眼,其叙事的顺序、时间与地点的表述、姓与名的排列等,往往由大到小、由整体到局部。而英美文化则比较强调个体因素,看问题的角度往往由小到大,由个体到整体。

多向时间制的中国人支配时间比较随意,灵活性强,并且重点是关注过去,因此中国人往往具有由远而近、由大而小、由先而后的聚拢型归纳式思维方式。在西方世界中人们的时间观念很强,其时间的概念是直线式的,即将过去、现在和将来分得很清楚,并且重点关注的是将来,因此西方人往往具有由近而远、由小而大、由后而先的发散型演绎式思维方式。例如,中国人记录时间的顺序是"年、月、日",而西方人记录时间的顺序是"日、月、年"或者是"月、日、年"。

霍尔根据人们利用时间的不同方式,提出一元时间制(mono-chronic time system,亦译为"单向时间制")和多元时间制(polychronic time system,亦译为"多向时间制")两大系统。

一元时间制的特征：长计划,短安排,一次只做一件事,已定日程不轻易改变。一元时间制是工业化的必然产物,一般分布在工业化程度较高的地区,富有效率,但有时显得过于呆板,缺少灵活性。

多元时间制的特征：没有严格的计划性,一次可做多件事,讲究水到渠成。多元时间制是传统农业社会的产物,一般分布在工业化程度较低的地区,虽有人情味,容易对人、对事进行变通(如走后门),但也给人们带来不少烦恼。

中国人对待时间具有相当的随意性。对由此产生的诸如不打招呼就登门拜访、约会时迟到、交通工具晚点、报纸不按时投递、公共场所的钟表不准等持宽容态度。

德语中有一句话,"准时就是帝王的礼貌。"所以德国人对于约会是非常守时的。德国人的守时也是出了名的。在德国,人人都携带一个小记事本。在本子上记着一个月之内的工作安排。提前计划是德国人生活的一个显著特点,就连家庭主妇出门买菜的内容都要事先计划好写在小本子上,在超市采购也按照事先设想好的线路进行。

德国人对约会有不少规定。首先,一般都得在一周前将邀请、约会的时间、地点、内容告诉对方,以便对方早作安排。其次,对于与别人约好了的时间,一般是不会变更的,除非实在有特殊原因。最后,赴会的人一般都必须准时赴约,由于交通堵塞等特殊原因迟到的,通常需要及时通知对方。

德国人都会科学而合理地安排时间,以提高效率。比如,德国人开会,事先都会安排好具体时间及开会议程,一般主持人在会议开始时就告知大家会议所需要的时间,并且在计划和规定的时间内完成相关事项,绝不拖延。

例如,在电视剧《大染坊》中有一个情节：宏钳染厂的老板雇了几个德国技工,这几个技工每天早晨八点准时来上班,到下午五点准时下班。有一次,在一个夏天的下午,老板看见这几个技工五点下班,但天上的太阳还很高,于是就问他们："怎么这么早就下班了? 太阳还没下山呢!"老板得到的回答："下班的时间到了,已经五点了。"老板告诉他们,在中国,人们的工作习惯是要等到天黑才能下班。后来有一天暴雨将至,天色暗沉下来,于是几个技工便收拾工具要下班。老板看见就问他们原因,得到的回答："你上次说,天黑了下班,现在天黑了,所以我们下班了。"老板无奈地笑了笑。

2. 自我认同观念

自我认同观念是由自我身份认同、自我价值取向和自我价值的实现三大要素构成地对自我的理解、态度和塑造的观念体系。中西方人的自我认同观念存在很大差异。

在中国传统文化中形成了"重名分、讲人伦"的伦理观念。而西方社会形成了"人为本、名为用"的价值观。这些差异具体体现在立身处世等方面。

中国的传统文化长期受儒家修身、齐家、治国、平天下的道德价值观影响,形成了"万般皆下品,唯有读书高"的社会价值取向。受先秦时代"满招损,谦受益"的哲学思想的影响,汉民族具有含蓄深沉、崇尚谦虚的传统观念。

第一,中国人受传统思想的影响而形成了"卑己尊人"的礼让观念。"夫礼者,自卑而尊人。"(《礼记》)

首先是"厚礼"。"非礼勿言。"(《论语》)"礼者,贵贱有等,长幼有差,贫富轻重皆有称者也。"(《荀子·富国》)

其次是"重德"。儒家的仁学思想将个体人格的自我修养作为行仁义的先决条件,即"内圣"。佛教和道教崇尚"虚静""修身养性""谦虚自律"等。

最后是"谦恭"。"谦谦君子,卑以自牧也。"(《周易·象》)"满招损,谦受益。"(《尚书·大禹谟》)

中国人受这些传统礼教的影响,常常是通过"贬低自己、抬高别人"的办法来让对方肯定自我,赢得尊重,被西方学者称为无我文化。

第二,中国人受传统思想的影响而形成了"他人取向的自我是义务本位"的观念。

在中国传统文化中,个人是群体的分子,是所属社会关系的派生物。人们的群体利益优先于个人利益,个人利益依附于群体利益并通过群体利益来体现。自我的主体性、独立性、人格、地位常常被忽略或者剥夺,而以繁重的义务和责任的形式来体现。因此,中国人在处世方面首先考虑的是别人的感受和反应,注重顾全面子的"礼多人不怪""君子和而不同"的交际原则,通常以牺牲自身利益或者委屈自己为代价来迎合他人的心态和方式进行交际。

在人际交往中，中国人信奉"人情一线牵，日后好见面""礼尚往来""多个朋友多条路，大树底下好乘凉"的教条，努力将自我融入某个强势群体中，以免被"边缘化"。林语堂说人情、面子、命运是支配中国人生活的三大女神。

相比之下，以商业活动为经济基础的西方文化受功利主义伦理观影响，认为思想观念和现实世界之间存在着直接联系，形成了"个性张扬、求利至上"的社会价值取向。

第一，在西方社会里，受平等理念的影响形成了"自我中心、自我展示、自我实现"的观念。因而，在西方人的自我观念中，谦虚是一种病态，自卑是没有自信的表现，尊重来源于自信与平等。在英语中，只有一个单词永远是大写的，那就是"I"。

平等观念为人们普遍接受。杜鲁门当选美国总统后，有人向其母表示祝贺："你有这样的儿子一定十分自豪。"杜鲁门的母亲回答："是的，不过我还有一个儿子同样值得骄傲，他现在正在地里挖土豆。"

第二，在西方文化中，人们受"独立、人权"思想的影响形成了"自我中心的权利本位"观念。这一观念体现为自我取向，即以自我为中心的交际心态和准则。

在人际交往中体现为办事不讲情面，崇尚公平竞争，吃饭 AA 制，社交称谓以平等的姓名称谓为主等。例如，在美国的社会交往中，除教授、医生等少数职业外，不论职业、阶层、贵贱，一般都采用平等的姓名称谓。

观念是人们用以支配行为的主观意识。人类的行为都是受行为执行者的观念支配的，观念直接影响到行为的结果。文化的价值体系对跨文化交际产生重要的影响。

在文化交流中，观念可以影响人们的行为。有朋友在英国学习期间，了解到欧洲人的告别方式存在差异，英国人是 kiss goodbye，而欧洲大陆的一些国家如法国、意大利等则是 embrace goodbye。在欧洲大陆的一些国家，人们不能接受 kiss，因为在他们的文化观念里，kiss 是只能在非常亲密的恋人或者夫妻之间才能进行的行为。朋友从遇到的一件事中也得到了印证：一天下午，我吃过晚饭到大街上边抽烟边散步，这时有两个意大利女留学生跑过来向我要烟抽，可我口袋里的烟刚好抽完，恰好边上有一个来自中国 N 市的中学生夏令营的带队教师也在抽烟，于是我向他要了两支烟给她们，这两个女留学生拿到烟就准备离开，这时我提醒她们应该表示感谢，她们问我："How？"我便用调侃的语气说：

"Kiss—or embrace to express your thanks to him." 说话时,我故意将 kiss 拖得很长,这期间她们瞪大眼睛吃惊地看着我,当她们听到后惊讶的神情马上消失了,连忙说 OK,并拥抱了那个给她们烟的中国男教师。从这件事可以看出,思想观念影响着人们的具体行为。

价值观念往往通过潜移默化的方式向文化群体中的每位成员灌输好与坏、正与误、真与假、正与反、美与丑等标准,使人们明白应该学习什么、批评什么、捍卫什么。

例如,在朝鲜,女人是不能穿裤子出现在公共场所的,而应该穿裙子。而且,所穿的应该是长裙,要求裙摆不能高过膝盖,否则会被视为"不正经"。如果看见有人穿有高过膝盖的裙子,就会有上了年纪的"阿玛尼"上前来劝阻和说服。再如,美国妇女本能地对一夫多妻制有一种"嫌恶"。她无法想象和别的女人分享她丈夫的爱,她觉得接受这种状况是违背"人的本性"的。而叙利亚科里亚克部落的妇女会觉得一个女人不能自私地限制丈夫只能有一个伴侣。

（三）家庭亲情观念对语言的影响

不同国家和不同民族的亲情观念不同。

受儒家思想影响的传统中国家庭,以血缘为纽带、以伦理为本位是家庭关系的突出特点。在中国封建社会里,由"父为子纲"确立的长幼秩序,由"夫为妻纲"确立的夫妇关系,由"三从四德"所确立的男女地位等,对建立、调节与维护中国传统家庭关系起到了重要作用。其中,"孝道"是家庭伦理道德的本质与核心,是确立家庭伦理关系的基石。"夫孝,德之本也,教之所由生也。""身体发肤,受之父母,不敢毁伤,孝之始也。立身行道,扬名于后世,以显父母,孝之终也。"(《孝经》)

在中国传统宗族制的影响下,中国人形成了很强的家族观念。在中国,家族观念构成了复杂的亲属关系网。亲属有宗亲与姻亲之分,其中宗亲有嫡亲、堂亲与族亲之分,姻亲有姑亲、舅亲与姨亲之别。

受基督教影响的西方家庭,以"自我"为本位是家庭关系的突出特点。"奉上帝、疏亲友"的理念使得西方人家庭观念淡薄,血缘亲情让位于对上帝的崇敬。就亲属称谓来说,在中国文化中,亲属称谓是以父系血亲称谓为主干,以母系和妻系的姻亲称谓为补充的严谨而复杂的称谓系统,突出"长幼有序,内外有分"的特色。而在西方语言中,没有姻亲与血亲的区分,是以姓名称谓为主干,以血亲称谓为补充的简单而直接的亲属称谓体系。例如,在 *The Family Album USA*(《走遍美国》)中,儿媳 Marilyn 直接以名字来称呼她的公公 Philip 和婆婆 Ellen。

不同国家和不同民族对于亲情的表现方式也不同。从对孩子跌倒的态度上可以看出不同之处。比如,在北欧的一些国家里,如丹麦,父母会安慰跌倒的小孩;在瑞典,小孩跌倒了,父母马上研究如何预防此类事件的再次发生;在挪威,父母鼓励跌倒的小孩自己站起来,不要哭;在芬兰,父母对跌倒的小孩不闻不问,让他主动爬起来。

第八章

应用语言学理论指导下的英语教学策略

在开展语言教学的过程中，应该重视应用语言学的指导意义，从而不断提升教学的效果与科学性。这是因为对于语言教学来说，应用语言学不仅能够加深人们对于语言本质的理解，还能够提升人们对语言教学本质的理解与认知，从而帮助教师做出一定的判断。本章就从应用语言学的基础知识入手，探讨应用语言学理论指导下的英语教学策略。

第一节　语言应用研究与应用语言学

一、什么是语言应用研究

语言是人类的重要交际手段与工具。基于语言，人们可以沟通与交流，社会才得以进步。在语言出现之后，人类与语言的研究也给予了过多的重视。由于语言涉及多个层面，因此不同民族、不同目的下的语言也存在差异，从而导致多个语言学科产生。应用语言学就是在这样的背景下产生的。

在时代的发展背景下，语言的范围在不断扩大，这不仅使语言的交际功能得以提升，还使人类的语言研究更为丰富。当然，科技的发展对语言也提出了新的要求，因为计算机的使用使得人类不断利用其对语言进行处理，建立了语言信息系统，这就使得语言文字出现了新的活力。

另外，社会一体化进程的加快使得人们对语言应用展开分析。我们都知道,语言是基于一定的语言使用规则产生的,带有一定的标准性与规范性。但是,人类如何制订标准,如何制订符合语言、可行的标准,就需要语言学家进行深入的分析和研究,从而使得这些研究与语言的发展规律相符。

语言应用研究具有如下意义。

（一）有助于提高语言交际功能

当前,人们熟知的交际手段有口头交际与书面交际,但是口头交际是人们最初使用的手段,后随着文字不断产生,又出现了书面交际,这就导致了语言的应用范畴在不断壮大,而这一壮大主要有如下三层意义。

第一,就表现形式而言,导致不同语体的产生,有助于满足不同情况下表达的需要。

第二,就时间层面而言,有助于将语言的应用传承下去。

第三,就空间层面而言,有助于将语言传向更远的地方。

因此,对语言应用的研究使语言交际功能不但提升。另外,随着科技的进步,语言也在不断扩大。

（二）有助于提高语言教学能力

开展语言应用研究有助于语言教学从传统教学模式转向新型教学模式,从而提升语言教学的能力。我国传统的二语教学主要着重于阅读与写作,在教学模式上也往往是听课—课下背诵的模式。但是,到了今天,人们对语言研究的不断加深,找到了更加适合的方法,除了对阅读与写作重视外,二语教学还需要重视口头表达等。

（三）有助于语言研究本身的进步

如前所述,提升语言交际功能、提升语言教学能力等都需要对语言进行应用研究,并且是从新的视角出发对语言进行研究。在研究中,研究者除了对研究方法、研究工具等进行创造,实际上这些新的方法与工具本身也需要进行研究。

就方法层面而言,需要弄清楚如何采用专业的仪器对语言进行分析,如何运用计算机来处理语料,如何提升广告语的效果,如何评估语言教学的质量等。因此,对语言进行应用研究有助于促进语言研究本身的进步。

二、什么是应用语言学

（一）应用语言学的内涵

应用语言学是研究语言在各个领域中实际应用的学科，是语言学的一个分支部门。

应用语言学是一门综合性的学科，具有跨学科性质，视场合和任务的不同，它可以采用不同学科的知识理论去解决语言应用的各个方面问题。例如，它在解决机器翻译、外语教学、言语障碍与语言规划等问题时，除了应用一般的语言理论和语言描述的成果之外，还分别应用了计算机、翻译、教学法、解剖学、心理学、病理学、社会学、民族学等的理论。应用语言学正是在语言学与其他各个学科的交接点上发展起来的，绝不只是把现成的语言知识或语言理论拿过来应用一番。研究应用语言学必须从应用着眼，在语言学跟其他学科的交接点上下功夫，分析语言和语言学应用中的种种现象和问题，从中探求其一般原则、方法和规律，以建立科学的体系，由此产生应用语言学自己的理论。这样应用语言学的研究成果，就可以反馈到理论语言学中去，进一步丰富理论语言学的理论宝库。对于应用语言学研究范围的理解，目前学术界还不一致，有的学者把应用语言学的范围理解得比较宽，有的则比较窄。

（二）应用语言学的特点

1. 独立性

应用语言学是一门独立的学科。首先，我们可以看到，不论是从狭义的语言教学还是从广义的学科的各个分支来讲，应用语言学已经有了自己的研究对象；其次，社会的实际需要是应用语言学产生和发展的源动力，所以这门学科在发展过程中产生了许多十分有价值的课题需要解决；最后，应用语言学已在利用理论语言学、心理语言学、社会语言学、教育学等学科的成果解决本身问题的基础上形成了自己的理论和方法体系。从以上三方面来看，应用语言学已具备了成为独立学科的条件，即研究对象，研究目的、意义以及研究的方法。

2. 应用性

应用语言学是一门实用性较强的学科。这主要是因为应用语言学的研究是着眼于实际应用的，以直接满足社会需要为研究目的。应用语言学的任何一个分支学科都不只是纯粹的理论研究，都是应社会的需要而产生的，如心理语言学、计算语言学、语言教学等。作为一门独立的学科，应用语言学的理论主要是学者们不断在实际应用中获得的研究成果。尤其是在语言教学中，在实践中得到的成果总结成理论，反过来可以更好地指导语言教学。可以说，应用语言学的理论与实用相比而言，后者应该是更接近应用语言学本来所要达到的目的。

3. 开放性

应用语言学是一门在不断变化中发展前进的学科。应用语言学是应社会的发展而产生的，同时当社会发展又产生了新的要求和任务时，应用语言学就会相应地加入新成员了。例如，计算语言学就是随着计算机科学的发展而产生的应用语言学的一个分支学科。但是，当应用语言学的某一个学科发展到某个程度时，也就是有了自己的研究对象、研究方法等成熟条件时，这个分支就可能会从应用语言学这个大的学科里独立出来。应用语言学是动态的，它研究的是语言在社会实践和科学技术中的活动过程。

4. 实验性

应用语言学是一门实验性较强的学科。因为这门学科的实用性较强，所以在这里对于理论上的思辨就显得没有解决实际问题那样重要。而解决实际问题最好的方法莫过于调查和实验了。于是，应用语言学的很多分支学科都不同程度地要借用自然科学中的实验方法或是社会科学中其他学科的调查方法。例如，在语言教学中，一方面，研究者可以运用归纳法对一定数量的对象进行语言现象、语言错误等方面的调查取证，从而最终得出相应的结论；另一方面，研究者又可以运用演绎法在发现问题后先提出大胆的假设，再通过一定数量的观察来验证假设，最终得出理想的结论。这两种基本的方法都要运用现代的统计和测量的手段，还要进行量化分析才能得以实现。

5. 综合性

语言学在它的发展过程中和许多学科建立了联系。在古代,语言学还曾是哲学的一部分,而现在语言学仍与哲学有很密切的关系,同时语言学还与历史学、文学、逻辑学、心理学以及社会学等学科保持着密切的关系。而且,随着科学技术的不断发展,语言学已不仅和社会科学有紧密的联系了,还与数学、信息科学、计算机技术、自动化技术等自然科学发生了密切的联系。所以,我们说目前的应用语言学已成为一门综合性很强的学科。

第二节　应用语言学的研究内容

一、国外应用语言学研究

美国著名计算语言学家维诺格拉德(T. Winograd)在《作为认知过程的语言:句法》(1983)中,曾经用比喻的方式来论述世界语言学的发展过程。他把语言学的发展分为四个时期。

(1)规则语言学时期(又叫作"规范语言学时期")。这个时期可追溯到公元前 5 世纪的古希腊,其基本特色是限定主义。限定主义只关心语言使用的正确性和纯洁性,十分注意语言的规范。这个出发点本来是无可非议的;但是,限定主义把语言看成静态的事物,离开语言本身的规律,恪守希腊—拉丁语法模式,从逻辑和理性的角度,来规定人们应该怎样使用语言,把语言学看成法律,规定哪些用法是对的,哪些是错的,语言的规则就是法律,一经决定就不能改变。这个时期的语言学可以比之于法律。

(2)比较语言学时期。1786 年英国学者琼斯(W. Jones)发现了古印度的梵语与拉丁语、希腊语以及欧洲许多语言有同源关系,导致了历史比较语言学的产生。他们通过语言的结构比较,模仿生物学的方法,建立起各种语言的谱系。这个时期的语言学可以比之于生物学。

(3)结构语言学时期。1916 年瑞士语言学家索绪尔的学生整理出版了他讲课时的笔记《普通语言学教程》,为结构语言学奠定了基础,此后布拉格学派、哥本哈根学派、美国描写语言学派进一步发展了索绪尔的理论,一直到 20 世纪 50 年代,结构主义在语言学中占统治地位。美国结构主义语言学提出了以替换和分布为手段,以辨别语素、分析层次为目的的一整套语言分析方法。他们像化学家那样通过严格的手段来分析语言,从分析语言的语音入手,一个层次一个层次地来分析语言的结构。这个时期的语言学可以比之于化学。

（4）生成语言学时期。1956 年,乔姆斯基发表了《句法结构》,认为结构分析不可能掌握人类语言的创造性这一特点,提出了生成语言学。生成语言学要研究的不是句子本身,而是那些促使人们产生句子和理解句子的能力,语言学要解释人们为什么能够用有限的语法规则来生成无限的句子的内在机制。乔姆斯基用严格的数学方法来论述生成语言学的原理。这个时期的语言学可以比之于数学。

在 1880 年以前,欧洲大陆的外语教学以教授古希腊语和拉丁语等古典语言为主,古典语言是一种死的语言,学习古典语言除了阅读古典文献之外,其他的目的并不十分明确。在规则语言学的影响之下,外语教学主要是采用语法翻译法,以语法为纲,强调背诵规则,以阅读古代经典著作和掌握书面语为目标。在历史比较语言学时期,语言教学与语言学分道扬镳,各不相谋。19 世纪末期,各大资本主义列强面临重新瓜分世界的斗争,政治、军事、经济和文化上的激烈争夺,这对外语教学提出了新的要求,传统的外语教学方法受到批评,直接法教学作为语法翻译法的对立物被提了出来,从日常口语开始教学,提倡用外语思维,写作训练要先模仿后创造。1920—1935 年之间,美国开展了大规模的教学法试验活动,阅读教学法应运而生。第二次世界大战期间,美国制定了为派到国外的军队训练外语的特别培养计划,主张让学生大量接触口语,将阅读和写作减少到最低程度,提出了听说法。与此同时,法国的法语传播研究与学习中心提出了视听法。听说法和视听法的语言学基础都是结构语言学,把外语学习看成是机械的习惯形成的过程,按结构为纲组织教学,强调学生所说的应该是操母语的本国人所能接受的。可是,直到 20 世纪 40 年代,外语教学一直没有被当作应用语言学来研究。当时的很多外语教学人员,并不知道应用语言学这个术语。

早在 19 世纪初,语言理论方面的研究和应用方面的研究就已经开始分化了,语言教学虽然还没有被冠以应用语言学的名称,但在实际上已经同着重探讨历史比较的"语言学"分了手。只是那时还没有正式出现"应用语言学"这个术语,因此也就谈不上把语言教学看作应用语言学的一个分支。直到 19 世纪末叶,才由波兰语言学家博杜恩·德·库尔特内(J. Baudouin de Courtenay)首先提出"应用语言学"这个术语。1870 年,他在一篇文章里指出应该区分纯粹语言学和应用语言学,并说所谓的应用语言学也就是运用纯粹语言学的知识去解决其他科学领域的各种问题。但是,他只是提出了应用语言学这个术语,并没有明确界定它的研究对象和范围,更没有提出统一的理论和概念体系,因而未能引起广泛的注意。

应用语言学的建立有赖于政治经济尤其是科学技术的发展需要,它与语言学自身的发展也息息相关。20 世纪以来,语言学获得了蓬勃发展,日益成为一门领先的科学,尤其是近三四十年来,现实生活向语言科学提出了一系列与科学技术、政治经济的发展有密切关系的新任务,语言学的应用范围也因而得到了空前的扩大,除了外语教学,还拓展到语言规划、语言信息处理的领域。在这种形势下,语言研究自然不能仅限于自身,而必须要跟其他多个领域、多个学科发生关系。语言学要借鉴吸收其他学科(社会的,自然的)的方法和理论,而其他学科也要借鉴吸收语言学的方法和理论。这种学科之间的相互渗透和交叉,促使产生了多种边缘学科,应用语言学的多个分支学科也就在这样的环境下建立起来。

一般认为,首先把语言教学提高到科学研究地位是美国,因此美国被认为是应用语言学的发源地。1946 年,美国密执安大学就建立了英语学院,研究如何对外国人教授英语的问题,并出版了著名杂志《语言学习》(Language Learning),该刊的副题就是《应用语言学杂志》(Journal of Applied Linguistics)。这是世界上第一本明确地冠以"应用语言学"这个名称的杂志,在应用语言学发展史上有重要意义。从此,应用语言学作为一门独立的语言学科,开始为学术界所承认和接受。

20 世纪五六十年代,应用语言学在欧美各国获得了蓬勃发展。当时,由于政治、经济、军事、科技、文教、旅游等事业的需要,世界各国都在大力发展外语教育,特别是美国和英国,更是大力发展对外英语教学。在美国,1957 年国会通过了国防教育法案,要求全国加强中学三门基础学科的教学,外语教学正是其中的重要一项,在政府的有力推动下,从 1957 年到 1962 年五年的时间内,美国中学的语言实验室就从 46 间增至 5000 间,从 1959 年到 1962 年,共有 11 000 名外语教师接受了专业培训,大型外语教学研究活动开展的数量达百项之多。1959 年,在语言学家弗格森(C. Ferguson)领导下,美国在华盛顿正式成立了"应用语言学中心"(Center for Applied Linguistics),下设本族语与英语教学部、外语教学部、研究部、交际与出版办公室、语言与公共政策办公室。在英国,1958 年爱丁堡大学研究生部首先建立了应用语言学学院,开始成批地培养应用语言学方面的人才。随后,英国的利兹、埃塞克斯、兰开夏、雷丁等大学也建立了应用语言学的专业。

在这个时期,乔姆斯基的生成语言学异军突起,并向描写语言学提出了挑战。20 世纪 60 年代以后,语言学研究出现了一派百家争鸣的繁荣局面,新的语言学科和语言学派层出不穷,应用语言学受到这种局面的启示,语言教学不再局限于教学方法之争,而开始寻求解决语言教学更深层次的问题,在语言学新思想的冲击下,语言教学把培养语言的交际能力作为主要的目标,并把教学方法的研究上升到教学大纲的研究。20 世纪 70 年代以后的应用语言学家往往以教学大纲为中心提出他们的教学主张,注意学习者在教学过程中的决定性因素,开展对语言学习过程的研究,从事语言教学研究的应用语言学家十分重视实地调查和科学实验,使语言教学的研究摆脱了思辨性的讨论,而带有强烈的实验科学的色彩。应用语言学的不断发展,它的作用和影响的日益扩大,导致 1964 年在法国南锡(Nancy)召开了第一届国际应用语言学会议,成立了国际性应用语言学协会,约有 25 个国际性应用语言学组织参加。该协会后来每三年举行一次大会,与会代表往往多达千人,代表着近百个国家,真可谓盛况空前。迄今为止已经召开了 11 届。第 2 届会议于 1967 年在英国的剑桥(Cambridge)举行,第 3 届会议于 1972 年在丹麦的哥本哈根(Copenhagen)举行,第 4 届会议于 1975 年在联邦德国的斯图加特(Stuttgart)举行,第 5 届会议于 1978 年在加拿大的蒙特利尔(Montreal)举行,第 6 届会议于 1981 年在瑞典的隆德(Lund)举行,第 7 届会议于 1984 年在比利时的布鲁塞尔(Brussels)举行,第 8 届会议于 1987 年在澳大利亚的悉尼(Sydney)举行等。第 11 届国际应用语言学协会学术会议于 1996 年 8 月在芬兰的尤瓦斯库拉(Jyvaskyla)召开,会议的主题是:跨学科的应用语言学。这次会议以拓广应用语言学的研究领域为己任,与会代表 1500 多位,会上发表了 1000 多篇论文,反映了当前应用语言学研究在深度和广度方面的新成果。应用语言学正以一日千里之势迅猛发展,它已经深入社会生活的各个领域,变成了一个引人注目、受人青睐的语言学科。

这期间,欧美各国的应用语言学显然已经不限于语言教学了。社会语言学、心理语言学、数理语言学、计算语言学都得到了相当程度的发展。至于在俄罗斯,由于历史背景和社会状况的不同,俄罗斯的传统的应用语言学指的是本族语和非本族语的教学、语言的翻译、辞典编纂、创制民族文字、语言修养、正字法和标点符号的用法等,新兴的应用语言学则主要指的是机器翻译和情报检索。应用语言学的范围大大地拓广了。

应用语言学研究范围日益扩大的情况,从国际应用语言学协会活动中也可以明显地看出来。国际应用语言学协会设有 19 个科学委员会。它们的研究领域分别如下。

——成人语言教学

——应用计算语言学

——儿童语言

——对比语言学与偏误分析

——言谈分析

——教育技术与语言培训

——多语环境下的语言教育

——语言与性别

——特殊用途的语言(如聋哑人的手势语)

——语言规划

——语言测试

——词典编纂与词汇学

——母语教育

——心理语言学

——修辞学与风格学

——第二语言习得

——社会语言学

——术语学

——翻译

这些研究领域显然已经远远地超出了传统的语言教学的范围。

1984 年召开的第 7 届国际应用语言学会议讨论的议题如下。

——发展中国家的语言问题。例如,殖民主义的语言后果、多语环境中的交际活动、民族语言问题、洋泾浜语言和克利奥尔语言、母语教学、扫盲。

——语言与社会。例如,多语问题、跨文化问题、语言规划、社会交际问题、少数民族语言、移民和移民教育、语言与性别。

——语言与心智。例如,儿童语言、第一语言习得、语言的记忆与感知、神经语言学、非正常语言行为。

——母语和外语的教学。例如,语言教学方法、语言教学技术、成人语言教育、语言测试与评价、语言的对比分析、偏误分析。

——语言的通信与相互交际。例如,口译、笔译、风格学、言谈分析、术语学、词典编纂、特殊用途的语言。

——逻辑语言学。例如,数理语言模型、语言工程、计量语言学、语言与逻辑。

这些议题也大大地超出了传统的语言教学的范围。1996年召开的第11届国际应用语言学会议讨论的议题,涉及语言教学、心理语言学、社会语言学、语段学、语用学、语言测试与评估、翻译理论与实践、自然语言信息处理、语言与科技、语言文化学、生态语言学等,显然也远远地超出了传统的语言教学的范围。

由此可见,我们再也不能把应用语言学仅仅限制在语言教学的狭窄范围内了,我们应该拓展应用语言学的范围,这不仅是学科发展的必然结果,也是客观现实对应用语言学提出的新要求。

自然语言的信息处理是应用语言学的一个极为重要的部门,它的历史比语言教学短,但是它对于应用语言学在信息时代的新发展,却起着举足轻重的作用。自然语言信息处理不仅成为应用语言学的一个重要分支,而且也成了现代科学技术的一个研究热点。当自然语言信息处理涉及理论的时候,也可以叫作"计算语言学"(computational linguistics)。我们可以把计算语言学看成应用语言学的一个新兴的分支。

1962年,美国成立了计算语言学学会,每年召开一次年会,并且出版学术季刊《美国计算语言学杂志》(*American Journal of Computational linguistics*),后改名为《国际计算语言学杂志》(*International Journal of Computational Linguistics*)。1965年,在美国纽约成立了国际计算语言学委员会(International Committee of Computational Linguistics,简称ICCL),由法国著名机器翻译专家沃古瓦(B. Vauquois)任主席,现任主席是美国学者马丁·凯依(Martin Kay)。国际计算语言学委员会每两年召开一次国际会议,叫作 COLING,现在已召开了 16 届。我国学者从 1982 年起就参加了 COLING 的活动,并在学术会议上发表论文。自然语言信息处理的研究还给语言研究提供了强有力的手段,计算机成了语言工作者的得力助手,帮助他们对语言素材进行分类、模拟、分析和转换,同时自然语言信息处理又对语言学提出了一系列新要求,推动了语言学的发展。

当然,应用语言学中像自然语言信息处理这样的新分支的出现和发展,并不意味着应用语言学的一些旧有的分支,如语言教学、语言规范化、文字创制、术语学、社会语言学、心理语言学、人类语言学、地理语言学、神经语言学、病理语言学、语言风格学、实验语音学、人名学、地名学等已不再重要,我们认为从应用语言学的总体来考虑,语言教学、语言规划、语言信息处理应该是应用语言学的三大应用分支学科,它们像三根顶梁柱,支撑着应用语言学的大厦,而其他的各个分支学科对于应用语言学也是必不可少的。

二、国内应用语言学研究

我国的语言教学历史悠久,早在春秋战国时代就开始了。例如,孔子办学,就开设了"文学"和"言语"两科,他所整理删订的《诗经》,也是作为给学生授课的教材使用的。自秦汉以来的 2000 多年间,我国语文教学取得了一定的成绩。根据汉字的笔画构成复杂以及难写难认的特点,古人始终把它作为语文教学的重点和难点,提出了许多行之有效的办法,因而历代学童都得首先通过识字这一关;根据汉语单音节词占优势的特点,古人也一直采用几个字一句的整齐押韵的办法,编写《千字文》《百家姓》《三字经》等儿童识字教材,这些教材便于朗读记诵,收到了较好的教学效果。

不过,当时的语言教学只是为了使儿童获得儒道及文化知识,并没有探讨语言教学的实质,教学经验也都只是零零星星的,并没有对语文教学本身进行系统的理论研究,更谈不上把它当作一门独立的科学来对待。因此可以说,我国古代并无严格意义的应用语言学研究。

应用语言学如语法学一样,也是首先从国外传入我国的,不过它比语法学传入我国的时间更晚。20 世纪五六十年代,正当应用语言学在欧美各国蓬勃发展的时候,我国大多数语言学者对此却置若罔闻,不久就陷入了"文化大革命"的动乱之中,直至 20 世纪 70 年代末 80 年代初,我国的外语教师才真正有机会直接接触应用语言学这门新学科,并将其介绍引进过来。

到了20世纪70年代末80年代初,叶圣陶、王力、吕叔湘等老一辈语言学家明确提出了应该重视语言的应用研究,指出"要搞好应用语言学的研究",并且列举出应用语言学应当研究的主要内容。1980年,吕叔湘先生在中国语言学会成立大会的讲话中,用了近1/4的篇幅,专门论述了应用语言学与纯粹科学、边缘科学与中心科学的关系,强调语言应用研究的重要性。他指出:语言不存在于真空,语言是供人们使用的。研究人们怎样使用语言,这就是语言的动态研究。他说,这方面的研究近几十年来发展越来越盛,名目越来越多,社会语言学、语言教学、数理语言学三个方面都可以算作广义的应用语言学,区别于只作静态分析的纯粹语言学。他批评说:有些语言学家看不起这些研究工作,说这不是语言学。这不好。应当互相尊重,互相帮助。事实上纯粹科学和应用科学常常是互相促进的,应用科学也常常能给纯粹科学提出新问题,开辟新园地。在老一辈语言学家的倡导和帮助下,我国的应用语言学有了很大的发展,其研究的范围也不断拓广了。由于应用语言学首先是通过外语教师引进的,我国应用语言学一开始主要是研究语言教学尤其是英语教学。例如,1980年,广州外国语学院和上海外国语学院联合发起,召开了"应用语言学与英语教学"讨论会。1985年,中国英语教学研究会与广州外国语学院联合举办了"中国英语教学国际讨论会",国外有20多位著名的应用语言学家前来参加。此外,当时我国某些外国语学院所设的应用语言学专业(课程、教材、研究生),也多是指英语教学。在应用语言学理论指导下,我国的外语教学发展较为迅速,培养了很多优秀人才引进之后应该是消化和创造,我国应用语言学走的正是这条道路。目前,我国语言学界根据国内实际情况来进行研究,对应用语言学有了新的较为全面的理解,其研究领域拓展到了语言规划和语言文字的信息处理等领域。学者们注意到,我国的文字改革工作历史悠久,成绩突出,很值得总结提高,予以系统化和理论化,这是我国语言规划的独特内容;汉字结构独特,汉语也不同于西方语言,因而中文信息的计算机处理有不少特有的规律值得探究和揭示。这样的研究大大地丰富了传统的应用语言学的内容。应当特别提到的是,我国结合汉语汉字的特点,在中文信息处理方面取得了很大的成绩,使得应用语言学在我国现代化的事业中发挥了重要的作用。

　　中文信息处理就是利用计算机对汉语的书面形式和口头形式进行信息处理。它是自然语言信息处理这个应用语言学的分支在汉语汉字应用研究中的体现。中文特指汉族的语言文字，也就是汉语的书面形式和口头形式。中文的书写形式是汉字，而且中文在语音、词汇、语法等方面又有它独自的特点，这样在用计算机来处理中文记载的各种信息的时候，就自然会提出特殊的新问题，对这些问题的研究，就是中文信息处理的基本内容。汉字信息处理是中文信息处理的一个关键部分，主要包括汉字的编码、输入、输出，汉字的自动识别，汉字的统计特性的研究等，这些都是中文信息处理的基础性的工作。但是，中文是一个多层次的结构，以书面汉语来说，汉字是中文最基本的层次，由汉字可以组成词，这是比汉字更高的层次，由词可以组成短语，这是比词更高的层次，由词和短语可以组成句子，这是比短语更高的层次，由句子可以组成篇章，这是比句子更高的层次。中文信息处理除了研究汉字信息处理之外，还要研究汉语单词的自动切分和处理，汉语短语的自动处理，汉语句子的自动分析和生成，汉语语义的自动分析和加工，以至于汉语篇章的自动处理等。对于口头形式的汉语，中文信息处理还要研究语音的自动合成与识别，自动文语转换等问题。

　　我国境内少数民族语言文字的信息处理是自然语言信息处理的组成部分，它的研究与汉语书面形式和口头形式的信息处理息息相关，目前也纳入了中文信息处理的范围。中文信息处理的研究在我国已经有近40年的历史了。早在1956年，我国学者就提出了研制中文电动打字机的问题以及用汉字编码方法把汉字转换成信息代码进行传输的理论问题，引起了国内外学者的关注。1958年，新华社、邮电部、中央机要局合作设计了鼓轮式中文电传机。1959年国庆前夕，中国科学院计算技术研究所和语言研究所合作，在我国试制的第一台电子计算机上进行了俄汉机器翻译试验，这是中文信息和计算机最早的结合。1969年9月，邮电科学研究院试制成功我国第一台电子式中文电报快速收报机，揭开了用计算技术处理汉字信息的序幕。1974年8月9日，中国科学院、第一机械工业部、第四机械工业部、新华社、国家出版事业局向国家计划委员会和国务院提出"研制汉字信息处理工程的请示报告"，1974年9月24日国家计划委员会批准将汉字处理系统工程列入国家科技发展计划，这个计划叫做"七四八工程"，并由第四机械工业部负责召集成立了"七四八工程"领导小组和办公室，选择了汉字照相排版系统、汉字情报检索系统、汉字远程传输通信系统等三项内容作为"七四八工程"的突破口。经过 20 年的努力,我国以计算机激光编辑排版改造了传统的铅字排版,在印刷技术上结束了"铅与火"的时代。目前,我国省以上大报已经采用了计算机激光排版技术,约 50% 的地区一级报刊以及部分书刊印刷厂也跨入了这一技术改造的行列。1989 年,我国自行研制的计算机激光编辑排版系统开始向海外出口。计算机彩色制版系统已经成为商品推向市场。我国研制的新闻资料检索系统已经进入大型数据库和汉字全文检索的实用阶段。中央的几个大报已经实现了卫星传版,通信功能实现了汉字化。新闻出版和印刷行业的技术革命推动了中文信息处理技术的全面发展,汉字编码、汉字输入和输出、汉字信息压缩、汉字自动识别、机器翻译、汉语自然语言理解、汉语自然语言人机接口、汉字信息通信等技术取得了显著的成效,汉语语音的自动合成与识别也取得了重要的进展,以我国研究成果为主要基础制定的 ISO—10646 国际标准,开世界各文种字符编码的等长构架和一字一码的先河,为实现独立于文字的计算机内核奠定了基础;在中文信息处理的推动下,我国在办公领域、管理领域、事务处理领域、信息交换领域等各方面逐步实现了计算机化,为我国进一步全面实现信息化创造了条件。中文信息处理技术把具有几千年悠久历史的汉字文化与当今最具有现代化特征的计算机文化融合在一起,让古老的汉字文化在现代科学文化的环境中大放异彩。中文信息处理系统的开发、生产、销售、服务,已经成为我国计算机信息产业的重要组成部分,取得了巨大的经济效益。

为了促进中文信息处理研究工作的发展,1978 年在青岛成立了全国汉字编码研究会,这是我国中文信息处理方面的第一个学术团体。1981 年 6 月 2 日,在天津成立了中国中文信息研究会,后来改称中国中文信息学会,下设基础理论专业委员会、汉字信息处理专用设备委员会、汉字信息处理系统专业委员会、自然语言处理专业委员会、汉字编码专业委员会、计算语言学专业委员会、少数民族语言文字信息处理专业委员会等。

欧美和日本也有不少学者研究中文信息处理,美国有中文计算机学会(Chinese Language Computer Society),日本有信息处理学会(Information Processing Society of Japan),都进行中文信息处理的研究。

可见,中文信息处理确实是我国应用语言学研究的一个具有重大社会效益和经济效益的研究领域,要发展中国的应用语言学,不可不研究中文信息处理。

应用语言学在我国的研究领域在不断扩大,究竟我国的应用语言学研究应该包含哪些内容,有必要做一番调查。国家语言文字工作委员会语言文字应用研究所曾先后到上海、广州、哈尔滨等地,召开"应用语言学小型座谈会",广泛征求意见。大多数与会学者认为,我国应用语言学的研究应着重研究以下五个方面:(1)国家的语言规划和计划,语言文字的规范化、标准化、现代化;(2)语言学文字学与计算机的结合,如汉语信息处理、机器翻译等;(3)语言教学,包括外语教学、对外汉语教学等;(4)语言学与社会学的结合,如社会语言学、文化语言学等;(5)语言学与心理学的结合,如心理语言学、神经语言学等。

1992年,我国第一个专门的应用语言学刊物《语言文字应用》创刊,由国家语言文字工作委员会语言文字应用研究所主办。

1995年12月在北京召开了我国首届应用语言学讨论会,与会代表近200人,会议讨论的内容,涉及了上述五个方面的所有内容。会上并成立了中国应用语言学会,作为我国应用语言学研究者的学术团体。我国的应用语言学吸取了国外应用语言学的优秀成果,又具有本国的特色,与社会生活的各个方面息息相关,在我国现代化建设中发挥着重要的作用,有着非常广阔的前景。

第三节　应用语言学理论在英语教学中的应用策略

一、对课堂教学模式加以应用化改良

英语课堂教学模式一般由导学、讲学、练习和考核四个模块组成,高校师生对这样惯用的教学模式已经得心应手,故而不宜大幅度调整,而要结合现有模式加以应用化改良。英语教师可以从导学、讲学、练习环节入手。在导学部分,教师应启发学生的任务动机,设置合理有趣的课前任务,或是让学生自己动手确定学习目标,调动学生参与课堂活动的积极性。课堂应用交流部分,教师本身要扮演好引导性角色,将社会和教育提出的客观要求内化为学生自身学习和生活的需求,使英语课堂学习成为主动的过程,提高学生的参与感。例如,教师可以设置应用情境,分小组开展英语情境交流。学生以角色扮演的方式围绕主题模拟外语交流场景。此外,课堂讲学部分的教学案例也要具有实用性特征,尽量保证课堂所学即能为生活所用。

二、教育活动中教师角色的"隐匿"

应用语言学教育理念的引入是需要一个师生思维转变的过程。一开始,学生也许会抱有陌生的参与态度,英语教师也常回到主导的位置上去,情境扮演往往流于形式,学生以完成任务的心态战战兢兢地发言,始终无法提高参与效果。因此,教师角色的"隐匿"是开展学生为主的教育活动的关键。一方面,"隐匿"意味着教师不能重复以往的"带领举动",要尽量避免师生问答、举手发言的固有思路,创设有利于学生发挥的生动会话情景,坚决落实学生主体的新英语教学模式。另一方面,"隐匿"不是放任不管,对于语言范围偏离主题的现象,教师要以参与者的身份介入,及时纠偏纠错。

三、辅助学生完成"适应"阶段的过渡

当刚开始接触这种新教学思路时,学生处在"适应"的阶段,教师需要考虑学生的感受,对学生的学习态度与方式进行引导,辅助学生进入"应用语言学"的习得范围中。教师需选取合适的教学素材,将应用语言学的概念细致推送至教学活动中,帮助学生建立应用类思维。选取基础英语的引申内容,设计标准化的练习作业,如商业对谈、商务公函开始,再到难度较高的名著选读、影片欣赏,进行阶梯式教学,帮助学生完成从接触到适应的过渡,加大对英语的应用力度。当教学模式改革出现适应性的问题时,英语部教学人员应结合教学实际,针对学生的反应状态尽快开展专项研究,尽快解除学生在听、说、读、写层面上的学习障碍。

四、重视课堂内外应用教育的磨合

强化英语应用能力,光靠课堂上有限的时间是远远不够的。六学阶

段,学生的课时安排较为自由,将近一半的学习内容可以布置到课后去完成,促进学生在课堂内外主动应用、练习,以稳定"应用"教学效果。大部分的高校校园网等基础设施齐备,学生终端设备普及率非常高,具备课后进行线上自助式学习的基础,教师利用网络优质教育资源,鼓励学生利用实用性和趣味性较强的手机 APP 组队打卡,采用线上考核等新兴教育形式,促进课堂内外应用教育的磨合交流,补充课堂在利用现代化教育技术手段方面的缺憾。

第九章

社会语言学理论指导下的英语教学策略

当前,我国部分院校英语教学内容脱离实际,普遍过于重视英语技巧的练习,而对学生交际能力的培养重视程度不足。要想改善当前教学现状,就应对社会语言学进行充分利用,将社会因素与英语教学方法相关联。基于此,本章对社会语言学理论进行分析,并探讨这一理论指导下的高质量的英语教学策略。

第一节　语言社会研究与社会语言学

一、什么是语言社会研究

语言是一种社会现象,一种文化现象。语言是人类社会所特有的。任何时候、任何地方,只要有人类社会,就必然有语言。语言有两个功能:一是传递信息,二是建立和保持人际关系。第一个功能比较好理解,而第二个功能有时就容易被忽视。每个人都有自己的同事、朋友、邻里、亲戚、家庭。有时见了面打个招呼,如"吃饭了吗?""你去哪儿?""天真冷(热)!""回来了?"等,说这类话并不是真正为了了解信息或传递信息,而是一种为了保持人际关系而进行的寒暄。这种例子说明:"The most important thing about such conversation between the people is not the words they are using, but the fact that they are talking at all."

语言可作为民族意识与民族团结的象征,对本族语的忠诚可以成为一种强大的武器,具有强大的凝聚力。正因为如此,近代帝国主义者在其占领的地方强迫推行其语言,他们把语言征服看作是实施政治征服的重要战略。英国曾在其殖民地大肆推广英语,其目的就是牢固而长久地实施其殖民统治。

语言受社会或国度的影响。语言学家曾举过两个例子:20世纪90年代之前,南斯拉夫的官方语言是塞尔维亚 - 克罗地亚语(Serbian-Croatian)。尽管塞尔维亚语与克罗地亚语有差别,但十分接近。说塞尔维亚语的人可以听懂说克罗地亚语的人讲话,反之亦然。到了20世纪90年代,克罗地亚独立,克罗地亚语成为该国的官方语言。所以说,塞尔维亚语和克罗地亚语到底是一种语言还是两种语言,这不是纯语言问题,而是社会、政治、文化、国度的问题。同样,挪威语与丹麦语十分接近。1814年之前,丹麦人一直统治着挪威,那时的官方语言是丹麦语,而挪威语被看作是丹麦语的一种方言。1814年挪威独立之后,挪威语成为挪威的官方语言,不再是附属语言。因此,官方语言与方言的差别除去地理因素之外,往往是政治因素和社会因素造成的。

语言与社会的关系是相互影响的关系。语言可以影响社会,说同一种语言的人往往对外部世界的认识方面有其共性。反过来说,语言的差别可以导致人们对事物看法的差别,因为语言是一种文化现象,来自不同社会的人,对同一事物持有不同观点。中国封建主义社会之所以可以持续几千年,应当说语言对社会的影响是其中重要的因素之一。例如,"三纲五常"(Three cardinal guides—ruler guides subject, father guides son, husband guides wife; and five constant virtues—benevolence, righteousness, propriety, wisdom and fidelity.)曾长期束缚人们的头脑,深刻影响着封建社会的人际关系。欧洲许多国家在其资产阶级革命时期提出的"自由、民主、平等、博爱"等口号,也深刻地影响了那里的社会变革。各种语言之中都有其丰富的格言、谚语,这些格言与谚语无形中影响了人们的思维取向、行为准则与道德标准。例如,中国格言"和为贵"(Peace is valuable.);英国格言"美德固可贵,赏识美德亦难能"(Next to excellence is the appreciation of it);印度格言"莫与亲戚做生意"(Do no business with a kinsman.);阿拉伯格言"择居先择邻,行前先择伴"(Choose your neighbor before your house and your companion before the road.);丹麦格言"畏问者,耻于学"(He who is afraid of asking is ashamed of learning.);日本格言"智慧与美德如同一辆车上的两个轮子"（Wisdom and virtue are like two wheels of a cart.）；巴西谚语"陈列品易褪色"（Goods that are much on show lose their color.）。所以，特鲁吉尔说：Human beings' views of their environment may be conditioned by their language.

从另一方面讲，社会也影响着语言，社会环境也反映在语言之中，其中最显而易见的是词汇。例如，改革开放之后，出现了许多新的词汇，如"脱贫致富""经济转轨""合资企业""牛市""熊市""国际游资""差额选举""电子商务"等。不同的语言有不同的用词。在家庭关系方面，英语中的两个词 uncle 和 aunt 不区分是父亲还是母亲方面的，因为他们认为区别 maternal 和 paternal 无关紧要。而在中国，uncle 所指的人可以是伯父、叔父、姑父（父亲方面），也可以是舅父、姨父（母亲方面）。更有意思的词是 cousin，连性别都未表示，而在中文里却没有一个对应的词。中文里要表明是表兄、表弟、表姐、表妹，甚至还会清楚到是姑表还是姨表，还是堂兄、堂弟、堂姐、堂妹。

不同时代的社会有不同的风尚和观念，英语中许多以往的俚语成为正式语言或词汇，如 cop 一词，以往被认为是俚语，如今却没有人再认为它是俚语，美国有一家电视台有一个栏目就叫作 Top Cop，专门讲述英勇的警察与歹徒做斗争的故事。英语中有些 taboo 词汇，也可能随时代的变迁而变化。肖伯纳（Bermard Shaw）时代的 bloody 一词被认为是禁忌语，而今天却不再这样认为。相反，有些词在不久以前并非贬意，但现在却越来越趋向禁忌语（aboo-loading），如 Negro，cripple，poor 等。我们可以得出结论，语言与社会是相互关联的（Language and society are inter-related.）。

当今世界各国都是多语言国家，其社会都是多语言社会。几乎没有一个国家是清一色的单语言社会。英国、德国、法国、意大利……都不是 monolingual countries。特鲁吉尔指出，在英国，有七万人讲盖尔语（Gaelic），他们主要居住在苏格兰的西部高地和赫布里底（Hebrides）群岛。威尔士的五分之一人口讲威尔士语。此外，来自印度次大陆北部的大量移民讲旁遮普语（Punjabi）。在德国，有为数不少的人讲丹麦语、弗里斯语（Frisian）、索布语（Sorbian）。在法国，也有少量的人讲德语、巴斯克语（Basque）、加泰隆语（Catalan）、布列塔尼语（Breton）。在意大利，也居住着讲法语、德语、希腊语、阿尔巴尼亚语（Albanian）、斯洛文尼亚语（Slovene）的少数人。即使在面积不大、人口不多的罗马尼亚,除去官方语言罗马尼亚语之外,还有人讲德语、土耳其语(Turkish)、希腊语、匈牙利语(Hungarian)、保加利亚语(Bugarian)、乌克兰语(Ukrainian)、斯洛伐克语(Slovak)、捷克语(Creech)、鞑靼语(Tartar)等,至少有 14 种少数民族语言。

中国也是一个多语言社会,除去普通话之外,还有五十多种少数民族语言。美国更是多语言社会,约有 14% 的人口的母语不是英语。百万人以上的几个少数民族所讲的语言包括西班牙语 800 万人,德语 640 万人,意大利语 400 万人,法语 270 万人,波兰语 230 万人,伊地语(犹太人语)160 万人,华语 110 万人。马来西亚有三种语言最大:马来语(Malay)、英语和汉语,但至今都未能确定哪一种语言能作为国语。据特鲁吉尔认为,全国一千万人口之中,有三分之一的人口讲马来语,三分之一的人口讲汉语,十分之一的人口讲印度的语言(以泰米尔语为主),还有四分之一的人口讲葡萄牙语、泰语以及土著民族语等几种语言。在马来西亚,受教育者往往学习的是英语。因此,要想在事业上成功就需要熟练地掌握英语,要想在行政机构任职,就要懂马来语,要想经商就要会使用汉语。在受过教育的人们之中,公用语(lingua franca)可以是英语,而马来语是懂的人最多的公用语,当地华人讲的汉语因其都是方言,所以在华人聚居区,任何一种汉语方言都可作为公用语。

二、什么是社会语言学

(一)社会语言学的兴起

社会语言学(sociolinguistics)是在 20 世纪 60 年代在美国首先兴起的一门边缘学科。它的诞生既顺应了时代发展的需要,又弥补了传统语言学的不足。有些学者倾向于把它称为现代社会语言学,意在指出对社会语言问题的研究远非自 20 世纪下半叶才开始。但是大多数学者公认,社会语言学被确立为一门独立的学科,获得普遍的承认和繁荣发展的局面才仅有 20 多年的历史。这表现为不少国家设立了社会语言学的学术机构,出版了大量的专著和文集,在大学里开设了专题课程,培养出一支专门的研究队伍以及召开国际学术会议、出版国际专业刊物等。

（二）社会语言学的性质和特点

社会语言学不仅运用语言学的研究成果，也要运用社会学等学科的理论和方法研究语言的社会属性和差异。因此，从性质上来讲，社会语言学还是以语言学研究为主的。

社会语言学虽历史不长，但在近些年来的研究中形成了自己的一些特点。

1. 综合性

社会语言学要借助社会学、人类学等其他学科的理论和方法来观察和研究语言现象和语言问题，因此研究社会语言学的问题既要有语言学方面的理论知识，也要有社会学、人类学、文化学、民族学、教育学等方面的理论知识。社会语言学家还要在研究中努力寻找到语言学和其他学科的最佳契合点，这样才能充分发挥社会语言学的综合性优势。

2. 应用性

应用性也是社会语言学的一个突出的特点。随着社会的发展，各学科的实用性较之过去有很大的加强。社会语言学以来自于社会中的活的语言为研究对象，它的应用性就更强了。目前，社会语言学的成果为解决语言规划、语言教育、双语教育等方面的问题提供了大量政策性依据。另外，社会语言学研究成果还在商业、法律、医学、行政文书、文学、美学以及哲学研究等方面有很突出的实用价值。

3. 实验性

社会语言学的研究是在联系社会的基础上来研究语言问题和语言现象的，因而社会语言学在研究中就必然要借助一定的社会调查法和科学实验的方法以及现代统计、测量的方法，也必然具有较强的实验性。

（三）社会语言学的意义

学习英语的人有必要学习社会语言学，国内各类学校学生所学习的英语应该说是标准英语，20世纪五六十年代所学的多是英国英语，从20世纪80年代至今，所学的多是美国英语。国内很多英语教师的发音、语法、习语又是英国英语与美国英语的混合体。留学加拿大和澳大利亚的人归国后又带了加拿大英语与澳大利亚英语,这些英语变体之间确实存在着一定的差别。

英语是世界上第二大语言,世界上有四亿多人口把英语作为母语,约有四十余个国家与地区使用英语作为官方语言或第二语言。把英语作为官方语言的有美国、英国、澳大利亚、加拿大、新西兰、爱尔兰、圭亚那、南非、利比里亚、尼日利亚、牙买加、巴哈马、巴巴多斯、格林纳达、特立尼达和多巴哥、冈比亚、塞拉利昂、加纳、喀麦隆、乌干达、赞比亚、马拉维、毛里求斯、津巴布韦、博茨瓦纳、莱索托、纳米比亚、马耳他、斐济、新加坡、锡金、多米尼加联邦、瑙鲁、汤加;把英语作为第二语言的主要有印度、巴基斯坦、孟加拉国、马来西亚、斯里兰卡、菲律宾、坦桑尼亚、肯尼亚;此外,波多黎各、所罗门群岛、百慕大、安圭拉等地区也以英语为主。这四十多个国家和地区的英语尽管有共同特点,但每个国家与地区的英语又不同于其他国家与地区的英语,这就是海外英语变体,从语音、语法、语义、语用等方面都存在差别。此外,还有克里奥尔语(Creole)和皮金语(Pidgin)。即使在一个国家,尤其是移民国家,如美国,其英语也分民族而异,美国黑人英语(AAVE—Afro-American Vernacular English)不同于白人英语,从印度、中国、阿拉伯国家、墨西哥、南美洲国家、东欧国家等地来的移民,其英语也有明显的不同,这是因为英语与这些移民的母语接触而产生了变体。

在一个社会中,不仅存在着地域方言(如中国的各省、市、自治区都有各自的方言),而且存在着社会方言。人在社会上是分为不同阶层的(social stratification), 不同阶层的人使用的语言有不同变体,如在英国,甲说 "I did it yesterday.",乙说 "I done it yesterday.";甲说 "It was she that(who)said it.",乙说 "It was her what said it."。显然甲乙二人的社会地位(social status)不一样,这就是社会方言(social-class dialect)。此外,不同的行业、集团、部门都有自身的行话,如美国警方的行话 perp(凶手), hoopty(汽车);医院里的行话 prestif(要死的), crispy citer(严重烧伤患者);监狱里的行话 mick(监狱), screw(狱卒);英国公交行业把双层汽车叫作 decker;足球球员把足球场叫作 the park。正如地域方言,来自不同地区的人其发音也不尽相同,如来自英国林肯郡和约克郡的人,很可能把 house 一词发为 [hu:s],双元音 [au] 变成为单元音 [u],来自美国新泽西州南部的人把 Jersey 读作 ['dʒuozi],与标准美国英语 ['dʒəːzi] 确有距离,来自加拿大多伦多的人常把 about

读作 [ə'bout]，即把双元音 [au] 读成了双元音 [ou]。社会方言也会因为不同阶层的人，其发音不尽相同。例如，在伦敦，name 词就有三种发音，上层社会的人发音是 [neim]，中层社会的人发音是 [neim]，而社会底层的人发音是 [næm]；在美国东部，上层社会的人在读 food, tooth, root 等词时，把后元音 [:] 读作中元音，甚至类似于前元音（即 [u:] 的发音部位特别靠前）：在新英格兰地区，上层人士的 [əu] 读音很准确，符合标准美语，而中下层人士把 [au] 读作 [ou]；在英国城市利兹，上层人士把 but，fun, puppy 等字中的元音读作 [ʌ]，而劳动阶层人士却把这些字中的元音读作 [u]。

英国社会语言学家 Trudgill 说过：There are a whole range of sociallydetermined accents. 不同阶层的英国人不仅元音发音有异，而且辅音的发音也有不同之处，如鼻辅音 [ŋ] 与 [n]，体力劳动阶层人士往往把 [n] 读作 [n]，如 walking 一词就读作 ['wɔ:kn] 或 ['wɔkin]；摩察音 [h] 出现在字头时，往往被省去，如单词 hammer 读成了 ['æmə]，history 读成了 ['istri]。最有意思的读音是 -ar 这个 [r] 音节，在美国纽约，当人们读 car，mark，hard，part 等词时，如果读出 [r] 这个音时，则被认为是高贵的，如果不读这个音，则被认为是低层人士的读音。而在英国，情况正好相反，不发元音后的这个 [r]，则被认为是高贵的，如果发出 [r] 这个音，则往往被看作土气，未受教育。其余 [r] 音节亦是如此，像 er，or，ur，ir。英语中动词第三人称一般现在时要加 -s，在说话与书写时都应如此，但这都是社会高层人士的习惯做法，与标准英语一致。然而，劳动阶层的人士都多数不加 -s，如 "It go wrong." "She works hard." "He don't like it，do he？" 中国人学英语是把英语作为外国语来学习的，而且英语是中国人首选的外国语。学习英语的中国人如能做到尽可能多地学习一些社会语言学，将会使学习者更有效地理解、掌握和运用英语。社会语言学会使他们了解到英语既是有规则可循的系统语言，又是充满着无数变体的活的语言。社会语言学研究的核心问题就是语言的变异问题。一名学习英语者如果忽视社会语言学的学习，或者对社会语言学毫无了解，那么他就很难提高对英语的掌握层次，很难把英语这个工具恰当地、高效地、真正地运用到自己的工作和事业中，从而使工作顺利，事业发达。在各类中外交往之中要做到恰如其分，恰到好处，就必须懂得社会语言学的知识，因为社会语言学可以告诉我们：来自不同种族、民族、阶层、性别、年龄、职业、文化水平的人士，其英语是有差异的；

正式语体与非正式语体之间是有差异的,如标准语与土话是有差异的;社会上各种因素(如政治、经济、文化、社会结构与形态)可以引起语言的变化,如交往情境(如人际关系、交往场合、所谈话题、说话动机等)与语言选择存在一种互动的关系。例如,香港大学的中国学生常常是又说英语又说广东话(Cantonese),社会语言学家特鲁吉尔分析,如果他们只说英语,人们可能认为这些学生对自己生活的地域欠忠诚,如果他们只说广东话,人们可能认为这些学生土气、没教养或欠前卫。我国推行的普通话与各地方言在人们使用时也有一个语码选择问题。国内各类学校的师生在校园里都讲普通话,而当他们上街购物时,其中大部分人又改用方言。可能他们认为,上街购物时如果说普通话,则会被误认为是外地人,而如果在校园里讲本地方言,又会被人看成土里土气或文化层次不高。

我国正在进行改革开放,引进外资,引进先进技术与设备十分迫切,入世之后,经济贸易、企业领域,都急需高层次英语人才。在各类中外洽谈中,洽谈成功与否,气氛融洽与否,往往取决于谈判人员的素质高低。素质是各方面的,如诚信可靠与否,精通业务与否,外语掌握得如何,懂不懂一些社会语言学等。一个只懂得商务而对英语国家的社会状况及社会语言学毫无了解的人,其谈判成功率便低得多。政府机关的外事人员、驻外人员,集团公司的对外联络人员以及各企事业的口、笔译人员都有必要掌握一定程度的社会语言学。这不仅是一个扩大知识面的问题,而且是关系到这类人员自身工作的成败与事业兴衰的问题。每个英语学习者都面临着在学习标准英语的同时要理解与尊重各种英语变体的挑战任务(challenging task)。完成这一任务的核心便是理解语言与社会的关系,因为正是社会环境(social context)既提供了语言变化的条件,又加强了为保持语言的标准而必需的常规。

第二节 社会语言学的研究内容

一、语言与方言

传统语言学把语言看成是具有划一的语音、语法、词汇规则的符号系统,而方言则是语言的分支。其实在许多地方,语言与方言之间的界限并非依据语言系统的结构来划分的。例如,印地语和乌尔都语具有相似的结构,口语相通,可是被认为是两种语言。马其顿语(南斯拉夫的官方语言之一)与保加利亚语的语法系统相同,互相能通话。南斯拉夫人把二者视为两种不同的语言,保加利亚人则把马其顿语视为保语的一种方言。塞尔维亚语和克罗地亚语原本是南斯拉夫的两个部族语言,语法系统相同,文字不同,过去是两种语言,现在南斯拉夫把它们看作一种语言,统称为塞尔维亚—克罗地亚语。从上述的例子中,我们不难看出,定名为语言还是方言的关键是社会政治原因。语言具有独立的地位,方言则依附于语言,二者的社会地位是不相等的。因此,我们说语言和方言这两个术语含有社会价值(social significance)。

国外不少语言学家认为我国的方言分歧大,有些方言区的人不能互相通话,因而把汉语的多种方言说成是多种语言。其实,汉语的不同方言都是汉民族语言的地域分支。汉民族构成一个统一的社会,而且有共同的书面语,用社会语言学的观点来审视,也不能把我国的方言看作是独立的语言。从社会的和历史的视角去看语言、方言及其他具有完整系统的语言变体,我们可以归纳出四项区别性特征来.

(1)标准性(standardization),指具有全社会所遵循的正式的规范标准。

(2)独立性(autonomy),指具有独一无二的自律性和功能。

(3)历史性(historicity),指具有与有关国家或民族的传统相关联的发展历史。

(4)持久性(vitality),指具有稳定的说该种语言的言语共同体。

二、语言与性别

我们首先要考虑的问题是:为什么需要区分生理性别与社会性别? 还有为什么语言研究对女性主义者有重要意义? 我们将通过思考这些问题来建立本章的讨论议程。

社会性别(gender)在所有社会中都是一个重要的划分。它对于人类是极为重要的。对于一个人,生为男性还是女性,这会产生深远的后果。它影响到我们如何立身处世,而这个世界又如何对待我们。这里包括我们所使用的语言以及人们用以谈论我们的语言。我希望本章能使读者对社会性别这个社会范畴更自觉,能够更清楚地认识在性别基础上做出的种种区分;同样重要的还有,认识语言在建立与维持这些划分时所起的作用。在语言学及语言学习中,"语言与社会性别"的标志有时会引起小小的混乱,因为人们很自然会认为,gender是一个语法范畴。但在本章中不是这样,在我所使用的意义上,性别是社会范畴,而不是语法范畴。

（一）语言学中的性别区分

早期讨论男人、女人和语言的著作,其中所关注的都是"性别区分"。对性别差异的研究是由对人类学感兴趣的欧洲人(以及其他"西方人")开展的。他们倾向于集中研究音位学与词法—语法学这类"奇风异俗"(如语音模式、词语、句子结构)。这种研究,相当一部分聚焦于这一现象:在男性与女性中,存在着不同的代词与词缀用法;无论是作为讲话者,讲话的接收者,还是被谈论的对象,都有这种区别。这种性别区分在源于欧洲的语言中不多见,如在英语与丹麦语等日尔曼语系的语言中,其代词系统只有第三人称单数形式里有性的区别(he/him, she/her 或 it)。这就是说,当一个人同第二个人谈论第三个人时,这第三个人的生理性别得到具体表示。在诸如法语、意大利语与西班牙语等罗曼语系的语言中,代词系统与上面的相似,其中只是多了第三人称复数,以此标识生理性别。阿拉伯语的口语在第二人称单数(you)上也有生理性别标识;于是,在称呼一个人为"你"时,所使用的代词取决于那个人是男性还是女性。

在社会内部,语言上的性别划分可以成为社会斗争场所,它不仅是个人斗争。日语中曾经有过男女专用词语的区分,现在人们就不再使用这些性专有词语了,也就是说,一些过去专有的语言形式,如今已不再是专为某一性所有了。

（二）生理性别对社会性别

生理性别(sex)是建立在生物基础上。它关乎基因、生殖腺以及荷尔蒙。女性的卵细胞含有雌性的性染色体 X,而男性精子里或者含有一个雌性的 X 染色体、或有雄性的 Y 染色体。从根本上说,你最后是男是女完全取决于你的父亲给你的是一个 X 还是一个 Y。这些染色体决定着生殖腺(胚胎的性腺),决定胎儿性腺是发育成卵巢还是睾丸。胎儿发

育到八周左右,带有一个 X 染色体和一个 Y 染色体的生殖腺开始产生
"男性"荷尔蒙睾酮,从这之后,胎儿开始形成男性生殖器。没有这种荷
尔蒙的产生,胎儿按照常态继续成长,即发育为女性。生理性别本质上
就是二元合成的。一个人或者是男性,或者是女性。与生理性别比较,
社会性别则是社会建构的,它是后天习得的。人们通过学习,掌握被理
解为男性气质和女性气质的各种特征。

有一点很清楚:事实上,所谓性专有和性优选的差异实际上都是表
现社会性别的各种方式(ways of doing gender)。在特定的文化中,它
们是"得体"的男女行为举止的组成部分。如果它们真是属于生物学意
义上的性,那就不会如现实中所显示出的那样,有如此显著的多样性。
如果仅仅是生物学上的性,那就应该是到处都一样的。因此,把生理性
别和社会性别混为一谈,这会导致误解,也绝不会有任何帮助。尽管如
此,两性差异在多大程度上是被生理决定的,又在多大程度上由后天习
得,人们的看法仍然不同。例如,有大量证据表明,男人比女人更具侵略
性。暴力犯罪者男人远比女人多。男人体内的男性睾酮比女人更多,这
个事实常被用来说明这种差异(男性睾酮也被称为男性荷尔蒙,它在男
性胎儿的成长中起着关键作用,但这种睾酮同样可以在女性体内找到)。

当然,仅凭这个证据远非可以做出研究结论。在高水平的睾酮和侵
略性之间似乎有某种联系,但显然不可能凭这一点就来断言:二者之间
有确定无疑的因果关系。也就是说,我们不能肯定睾酮使得,人们更具
侵略性。毕竟,有许多研究证据记录了这一事实,男孩从来就比女孩更
具侵略性,即便在学龄前也是如此;而儿童荷尔蒙发展水平是微不足道
的,因此男孩女孩之间侵略性程度的不同,这就不能归之于男女在荷尔
蒙上的差异。事实上,还有一些研究显示,可能有其他相关原因:一个
人的侵略性可能导致体内睾酮水平的增强。我们的确又处于鸡生蛋蛋
生鸡的境地了。而且,问题并没有在这里结束。我们对于侵略性的定义
究竟是什么? 这个说法之不准确众所周知。侵略性可以用来指涉非常
不同的现象,从研讨课上的果断自信到连环凶杀案,这些都可以用侵略
性来形容。

所以,男性更具侵略性的倾向,这究竟是生物特征(生理的性特征)
还是男性的社会性别某个方面,因此是社会建构的? 抑或二者都是?
或许,最好的方法还是承认:人们的行为模式是在生物结构和社会实
践的相互作用下产生的;所以,归根结底,不可能把生物作用与社会作

用截然分开。有案可查的是,对大鼠(rats)和老鼠(mice)进行的实验已经证明,睾酮与侵略性之间有着因果关系。但在人类或者其他灵长类动物中,这一点还不能确立。在某些灵长类物种身上,但不是全部,人们发现,较大程度的侵略性都是在雄性而不是雌性。即使情况如此,依然没有必要从生物机能上来解释(贝姆,1993)。所以,断言生理性别与社会性别在本质上一样,这是个保守的论点。正如安·奥克利(Ann Oakley)所观察的那样,面临社会变革的形势,生物性的解释可以把自己打扮得如同伦理规范,起到类似于宗教的那种道德说服作用。对此效应的一个极端的也是滑稽的表达见于杂志上的一篇文章;这篇文章发表于1970年代末,它讨论了被一时视为威胁人性的现象:大量妇女选择工薪自立,而不是固守家庭、依赖丈夫。文章被冠之以这样的标题:"野心、压力、权力、工作——是否正在把女人全变成男人?"文中写道:"杰出的内分泌专家和医学教授"向妇女发出呼吁:"认识自己的局限,不然后悔莫及。"

关于语言直接受生物因素影响的主张,也同样有争议。一直都有大量的研究,其目的是确立大脑能力上与生理性别相关的男女差异。近年来,许多生物社会学家在做这类研究。这是政治上高度敏感的领域。关于认知差异,大有争议的主张是,女人生来就比男人语言能力强,而男人比女人更擅长感知视觉和空间事物。

(1)据统计,女孩比男孩更早通过语言发展的各个阶段。

(2)女孩较少有可能受到与语言相关的障碍干扰,如结巴及阅读困难。

(3)女孩和女人大脑左右半球在功能上其分工不像男孩与男人那样明确化(并非某一侧面有特别优势)。

这意味着语言中心不是专门建立在大脑左半球;女人比男人更多地在右脑进行语言活动。这样的结果是:如果女人的大脑左半球受伤(如中风)她在语言能力上受损的程度可能会比有同样经历的男人要轻缓。以上所述三个差异中,第三点经常用来说明第一点和第二点。然而这里有一个重要问题。我们又进入蛋生鸡还是鸡生蛋的处境了。我们怎能假设脑部偏侧优势的男女差异是天生固有的呢?这个模式对刚出生的婴儿完全不适用。实际上,一些研究者已经发现男孩的大脑没有表现出那么多偏侧优势。环境影响看来是一种更合理的解释,可以用它来说明男女差异。有大量证据表明,人们对男孩讲话的方式与对女孩讲话的方式是不一样的。例如,我们明显对女婴说得更多。难道不是这一点更有力地激发了运用语言的技能吗?看来这非常有可能。长话短说,已经有过太多研究,全都试图证明妇女和男人的智能有着根本的生物性差异,但结果一直都不能做出这一结论。而我感兴趣的是,人们就是想要找到这些差异。正如英国语言学家德博拉·卡梅伦(Deborah Cameron)所指出的,对"差异"的研究不只是公正无倚地追求真理、在一个不平等的社会,它不可避免地带有政治维度。

在处理各种习得的行为,如语言交往行为方面,我们有把握说的只有社会性别化的行为。语言交往明显是习而得之的,试图用天生能力来解释它没有什么意义。在语言应用上有性专有(sex-exclusive)差异的社会里,从词典语法选项范围里做出选择,这就是在表演社会性别。既然男女被迫按照约定俗成的规定采用不同的语言形式,选择这个词用在这里或许不恰当。我们可以将这些规定与英语中约定俗成的规定做一对比,如"负负得正","绝不要用介词结束句子",或者是"不要说 him and me",而要说 he and I。如果说话者使用了不合适的形式,无论如何,他们会被纠正。然而,与说英语的人违反语法规定的结果相比,违反性专有的语言规定,其结果如今要可怕得多。偶尔也有例外的情况,说话者未被纠正,结果就要承受痛苦,正如我们从福坦在巴西对卡拉加部落语言的研究中看到的那样。社会性别,因而不是生物性的而是社会心理的分别;我们始终应该在人与人之间社会关系的语境中来考虑它。

第三节　社会语言学理论在英语教学中的应用策略

一、交际教学法

语法能力,指对语言规则系统地掌握,也就是语言能力;社会语言能力,指掌握语用规则、在真实的社会语境中得体地运用语言的能力;话语能力,运用话语进行连贯表达的能力;策略能力,交际中根据发生的情况策略地处理语言的能力。自从交际能力概念提出以来,英语教学着重培养学生交际能力,并且认为交际能力应包括策略能力、话语能力、社会语言能力和语言能力。其中,策略能力,指对语言规则系统地掌握。比如，如何在一段对话中表达愿意或者是不愿意，如何在对话过程中转换话题并结束对话等技巧；话语能力，指的是如何正确使用语言并通过语言来做事情；社会语言能力，指的是对语言功能正确使用；语言能力，指的是词汇、语法、语音等知识。语言能够在大脑中内化，并不等同于规定性的单词或规则。

与此同时，课堂上的教学方式及内容都应以交际为中心展开，教师可以组织学生通过角色扮演、分组对话、小组辩论赛等集体活动的方式开展交际教学。交际教学与传统教学法有所差异，教具在教学过程中的应用不只以课本为依据，教师能够结合自身教学理念对课堂进行安排，并且在课堂上学生对话的对象不只是教师，还可以是其他同学。教师在交际教学过程中是活动的组织者，也是活动的参与者，如果学生在交际过程中遇见困难教师应对其进行指导，从而帮助学生顺利完成活动。除此之外，教师也可以将交际教学法应用在英语水平测试过程中。英语水平测试的目的不只是使学生知道正确的问题答案，而是让学生在针对性语境中，拥有正确的反应策略。一般情况下，英语考试的内容是针对性语境。例如，教师可以在课程开始前，通过多媒体方式向学生展示医生给生病的小朋友诊断的画面，这样一来会调动学生学习兴趣。

二、文化教学法

在英语教学过程中，文化教学有着至关重要的作用，学生不应只掌握语法及单词，还应夯实文化基础，为日后就业打下基石。此处提到的文化与狭义上的文化概念有所差异，更加不等同于文化知识。从社会语言学角度出发，文化指的是社会所具备的制度、技能、习惯及信仰等模式。学生只有掌握英语语言的文化背景，才能够通过合适的方式交流。然而受客观因素影响，我国英语教学过程中缺乏文化背景的教导，此外因地理位置的限制，导致文化教学存在一定难度。基于此，英语教师应主动承担文化背景教导及语言知识教导的责任，提高对培养学生文化素养的重视程度，在实际教学过程中通过社会化教学方式提升学生交际能力，使其满足当前社会人才需求。

三、语篇教学法

语法理论应对语篇进行考虑,而不应被句子所限制。语篇教学的出现是因句子不能够满足自然语言中的全部现象。句子语法规律和自然语言之间存在出入,普通描写方法不能够用在语法语篇中进行描写。此外,句子语法不能够对交际因素进行考虑,而语篇教学能够使英语实际教学过程中存在的一些问题得以解决,部分抽象的语法概念也可以通过语篇教学法进行讲解。语篇教学能够使学生提升对语言应用能力的重视,并且掌握英语应用的原则,完成社会交际任务。满足社会交际是英语的基本功能。传统英语教学过程中,教师忽视了对语言基本功能的教导,而过于重视语言形式特征的教学,并且教学单位通常是句子以下形式的单位。语篇教学能够开阔学生学习视野,不仅能够使其学习到英语的意义及形式,并且能够使其感受到社会因素和英语之间的关联影响,并了解到英语学习对社会交际的作用。例如,在阅读分析时,教师可采取分段式引导的方式培养学生阅读理解能力;在阅读教学时,教师带领学生,思考全文时可向其提问 "Please tell me the meaning of the first paragraph.",学生回答后,教师继续提问 "You know the meaning of the first paragraph. OK, let's take a look. Can you ask some questions about the meaning of the second paragraph？" "Are you going to answer the second paragraph."。教师在带领学生理解第一段及第二段文章的意思后,学生便能够对该文章进行初步理解。教师可通过这一方式来带领学生学习接下来的内容,并且提出相应问题,引导学生回答并复述。全部段落学习完之后,教师可与学生共同将整篇文章复述出来。

参考文献

[1]M．F.麦凯，M.西格恩．双语教育概论 [M].北京：光明日报出版社，1989.

[2] 白解红．性别语言文化与语用研究 [M].长沙：湖南教育出版社，2000.

[3] 白靖宇．文化与翻译(修订版)[M].北京：中国社会科学出版社，2010.

[4] 白雅，岳夕茜．语言与语言学研究 [M].昆明：云南大学出版社，2010.

[5] 陈昌来．应用语言学导论 [M].北京：商务印书馆，2007.

[6] 陈新仁．语用学研究(第 4 辑)[M].北京：高等教育出版社，2011.

[7] 陈原．社会语言学 [M].上海：学林出版社，1983.

[8] 程琪龙．逼近语言系统 [M].南京：东南大学出版社，2002.

[9] 崔希亮．语言学概论 [M].北京：商务印书馆，2009.

[10] 戴克·克里斯特尔．现代语言学词典 [M].北京：商务印书馆，2002.

[11] 戴炜栋，束定芳，周雪林，等．现代英语语言学概论 [M].上海：上海外语教育出版社，2001.

[12] 高名凯，石安石．语言学概论 [M].上海：中华书局，1963.

[13] 顾嘉祖．跨文化交际——外国语言文学中的隐蔽文化 [M].南京：南京师范大学出版社，2000.

[14] 何自然,冉永平.新编语用学概论 [M].北京：北京大学出版社,2009.

[15] 何自然.语用学十二讲 [M].上海：华东师范大学出版社,2010.

[16] 洪堡特.洪堡特语言哲学文集 [M].姚小平,译.北京：商务印书馆,2011.

[17] 胡壮麟.语言学教程 [M].3 版.北京：北京大学出版社,2007.

[18] 贾冠杰.英语教学理论基础 [M].上海：上海外语教育出版社,2010.

[19] 金惠康.跨文化交际翻译续编 [M].北京：中国对外翻译出版公司,2003.

[20] 康莉.跨文化视角下的大学英语教学：困境与突破 [M].北京：中国社会科学出版社,2014.

[21] 克里斯特尔.现代语言学词典 [M].沈家煊,译.北京：商务印书馆,2000.

[22] 蓝纯.语言学概论 [M].北京：外语教学与研究出版社,2009.

[23] 李福印.认知语言学概论 [M].北京：北京大学出版社,2008.

[24] 李福印.语义学概论 [M].北京：北京大学出版社,2006.

[25] 李建军.文化翻译论 [M].上海：复旦大学出版社,2010.

[26] 李莉莉.跨文化交际中的非语言行为 [D].哈尔滨：黑龙江大学,2004.

[27] 廖美珍.语言学教程（修订版）精读精解 [M].成都：西南交通大学出版社,2009.

[28] 列宁.论民族自决权 [M].北京：人民出版社,1916.

[29] 刘宇凌.格赖斯的会话含义理论研究 [D].贵阳：贵州大学,2015.

[30] 鲁子问.英语教学论 [M].2 版.上海：华东师范大学出版社,2009.

[31] 裴文.普通语言学 [M].广州：广东教育出版社,2006.

[32] 彭建武.认知语言学研究 [M].青岛：中国海洋大学出版社,2005.

[33] 邵敬敏.文化语言学中国潮 [M].北京：语文出版社,1995.

[34] 斯大林.马克思主义与语言学问题 [M].北京：人民出版社,

1953.

[35] 隋铭才. 英语教学论 [M]. 南宁：广西教育出版社, 2001.

[36] 索绪尔. 普通语言学教程 [M]. 北京：商务印书馆, 2009.

[37] 特拉吉尔. 社会语言学 [M]. 周绍珩, 译. 北京：商务印书馆, 1992.

[38] 田运. 思维辞典 [M]. 杭州：浙江教育出版社, 1996.

[39] 王秉钦. 对比语义学与翻译 [M].2 版. 天津：南开大学出版社, 2008.

[40] 王德春. 普通语言学 [M]. 上海：上海教育出版社, 2011.

[41] 王力. 中国现代语法 [M]. 上海：上海教育出版社, 1943.

[42] 王希杰. 语言是什么？ [M]. 上海：上海教育出版社, 1983.

[43] 王寅. 什么是认知语言学 [M]. 上海：上海外语教育出版社, 2011.

[44] 维多利亚·弗罗姆金, 罗伯特·罗德曼. 语言导论 [M]. 沈家煊, 周晓康, 朱晓农, 等译. 北京：北京语言学院出版社, 1994.

[45] 文秋芳. 认知语言学与二语教学 [M]. 北京：外语教学与研究出版社, 2013.

[46] 吴为善, 严慧仙. 跨文化交际概论 [M]. 北京：商务印书馆, 2009.

[47] 徐通锵. 语言论——语义型语言的结构原理和研究方法 [M]. 长春：东北师范大学出版社, 1997.

[48] 闫宏伟. 格赖斯会话含义理论及其影响 [D]. 保定：河北大学, 2011.

[49] 闫文培. 全球化语境下的中西文化及语言对比 [M]. 北京：科学出版社, 2007.

[50] 严明. 跨文化交际理论研究 [M]. 哈尔滨：黑龙江大学出版社, 2009.

[51] 杨永林. 社会语言学研究：功能·称谓·性别篇 [M]. 上海：上海外语教育出版社, 2004.

[52] 姚小平. 如何学习研究语言学 [M]. 北京：北京大学出版社, 2013.

[53] 叶姆斯列夫. 叶姆斯列夫语符学文集 [M]. 程琪龙, 译. 长沙：湖南教育出版社, 2006.

[54] 于根元.应用语言学概论 [M].北京：商务印书馆,2003.

[55] 俞东明.什么是语用学 [M].上海：上海外语教育出版社,2011.

[56] 张维鼎.语言文化纵论 [M].成都：四川辞书出版社,2002.

[57] 赵元任.语言问题.台北：台湾商务印书馆,1968.

[58] 周礼全.逻辑——正确思维和成功交际的理论 [M].北京：人民出版社,1994.

[59] 陈建民.文化语言学的理论建设 [J].语文建设,1999（2）：346-353.

[60] 陈艳清.跨文化交际中性别差异的文化透视 [J].江西财经大学学报,2004（6）：101-104.

[61] 丁厚琴.从语言模糊性看女性语言的交际特点 [J].赤峰学院学报,2009（5）：83-84.

[62] 丁园,李鲁平.试析现代语言学的发展 [J].新西部,2012（6）：85.

[63] 杜福兴.也谈关联理论 [J].外语教学,2005（2）：29-33.

[64] 冯英.性别角色的言语差异 [J].云南师范大学学报,2000(5)：85-87.

[65] 桂诗春.认知和语言 [J].外语教学与研究,1991（3）：3-9.

[66] 贺显斌.语言与文化关系的多视角研究 [J].西安外国语学院学报,2002（3）：22-26.

[67] 况新华,曾剑平.语言与文化的关系述要 [J].南昌航空工业学院学报,1999（1）：45-50.

[68] 李玉田.试谈社会因素对语言发展的影响 [J].安徽大学学报,1985（3）：90-92.

[69] 刘艾云.谈语言与认知 [J].大连理工大学学报,2005（2）：93-96.

[70] 刘本清.高职英语教学中的跨文化教学研究 [J].黑龙江科技信息,2011（6）：181-182.

[71] 刘晓玲.高职英语教学作用、定位、现状与改革 [J].教育研究与实验,2014（34）：73-75.

[72] 马秋武.音系学中的界面研究 [J].外国语文,2013（5）：7-10.

[73] 童之侠.现代语言学的发展历程与前景展望 [J].现代传播,

2002（2）：63-66.

[74] 汪榕培 . 走向 21 世纪的英语词汇学 [J]. 外语研究，1998（3）：33-35.

[75] 王烈琴 . 论性别语言研究的现状及发展前景 [J]. 西安外国语学院学报，2003（4）：48-50.

[76] 王烈琴 . 优势与差异：言语交往中的性别因素 [J]. 外语教学，2005（9）：21-25.

[77] 王庆龙 . 现代语言学发展简史与历史地位 [J]. 黑龙江教育学院学报，2008（2）：134-136.

[78] 王蕊 . 建构主义理论视角下英文影片字幕翻译策略 [J]. 东西南北 .2020（11）：84-85.

[79] 王希杰 . 词汇学的对象和研究方法 [J]. 扬州大学学报，2007（6）：26-31.

[80] 王希杰 . 词汇学是关系之学 [J]. 扬州大学学报（人文社会科学版），2013（3）：20-26.

[81] 威尔逊 . 关联与交际 [J]. 现代外语，2003（2）：56.

[82] 温俭，杨薇薇 . 衔接理论与英语教学 [J]. 教学与管理，2007（27）：74-75.

[83] 文旭 . 认知语言学的研究目标、原则和方法 [J]. 外语教学与研究，2002（2）：90-97.

[84] 吴菲菲，居雯霞，殷炜淇 . 语域顺应与小说对话翻译的研究——以《傲慢与偏见》人物对话为例 [J]. 上海商学院学报，2011（S1）：52-54.

[85] 吴竞 . 图式理论在商务英语翻译过程中的运用 [J]. 科技信息，2012（7）：38.

[86] 夏兴宜 . 运用图式理论提高商务英语翻译的水平 [J]. 科教文汇（中旬刊），2011（1）：130-131.

[87] 许国璋 . 语言的定义、功能、起源 [J]. 外语教学与研究，1986（2）：15-22.

[88] 杨欢 . 浅析现代语言学及其发展趋势 [J]. 语言文学，2014(7)：247.

[89] 于漏琴 . 英语口语与书面语的差异分析 [J]. 南昌高专学报，2009（4）：71-73.

[90] 张长明,仲伟合.论功能翻译理论在法律翻译中的适用性 [J].语言与翻译,2005（3）: 44-48.

[91] 张莉,王显志.认知语言学简述 [J].河北理工大学学报,2007（3）: 136-140.

[92] 朱淑媛.语言的功能与语言的创造性 [J].集宁师专学报,2007（1）: 20-21.

[93]Benveniste, Emile. Problems in General Linguistics[M]. Coral Gables: Ubiversity of Miami Press, 1966.

[94]Berwick, R. Need assessment in language programming: from theory to practice[A]. The Second Language Curriculum[C]. In R.K. Johnson（ed.）. Cambridge: Cambridge University Press, 1989.

[95]Bolinger, Dwight & Donald A. Sears. Aspects of Language[M]. New York: Harcourt Bruce Jovanovich Inc., 1981.

[96]Bonvillain, Nancy. Language, Culture and Communication: the Meaning of Messages[M]. New Jersey: Prentice Hall Inc., Eaglewood Cliffs, 1993.

[97]Brain Holmes. Paradigm Shifts in Comparative Education[J]. Comparative Education Review, 1984（28）: 95.

[98]Carroll, D. W. Psycholohy and Language[M]. Beijing: Foreign Language Teaching and Research Press, 2000.

[99]D. I. Slobin. From "Thought and Language" to "Thinking for Speaking" [M]. Cambridge: Cambridge University Press, 1996.

[100]Grice, H. P. Studies in the way of words[M]. Beijing: Foreign Language Teaching and Research Press, 2002.

[101]Hall Edward T. The Silent Language[M]. New York: Anchor Books, 1959.

[102]Horn, L. R. Presupposition and Implication[A]. The Handbook of Contemporary Semantic Theory[C]. S. Lappin（Ed.）. Oxford: Blackwell, 1996.

[103]Lakoff, George & Mark Turner. More than Cool Reason: A Field Guide to Poetic Metaphor[M]. Chicago: University of Chicago Press, 1989.

[104]Lakoff, R. Language and Women's Place[M]. New York:

Harper & Row，1975.

[105]Lewis，M. M. Infant Speech：a Study of the Beginnings of Lanuage[M]. London：Kegan Paul，1936.

[106]Lyons，J. Language and Linguistics[M]. Cambridge：Cambridge University Press，1981.

[107]Miller，R. The Linguistic Relativity Principle and Humboldtion Ethnolinguistics：A History and Appraisal[M]. Paris：Mouton，1968.

[108]Muller，Friendrich Max. Lectures on the Science of Language[A]. The Origin of Language[M]. Roy Harris. Bristol：Thoemmes Press，1861.

[109]Schleicher，A. Die Darwinische Theorie und die Sprachwissenschaft[M]. London：Hotten，1863.

[110]Spender，Dale. Man and Language（2nd edition）[M]. London：Pandora Press，1992.

[111]Sperber，D. & D. Wilson. Relevance：Communication and Cognition[M]. Oxford：Blackwell，1986/1995.

[112]Tyler A. Cognitive Linguistics and Second Language Learning：Theoretical Basics and Experimental Evidence[M]. New York：Routledge，2012.

[113]Whitney，W. D. Nature and Origin of Language[A]. The Origin of Language[C]. Bristol：Thoemmes Press，1875.

[114]Widdowson，H.G. EST in theory and practice[A]. Explorations in Applied Linguistics[C]. H.G. Widdowson（ed.）. London：Oxford University Press，1979.